심리운동 놀이의 현장적용

발달지향적 움직임 놀이의 현장적용

박석원 · 조여진 · 오로사 · 고해인 · 최인주 · 허지혜 공저
박효린 삽화

휴먼북스

들어가는 말

최근 발달 지향적 치료 움직임 놀이인 심리운동이 치료적인 효과 면에서 많은 관심을 받고 있다. 수동적으로 지시에 의한 재미없는 프로그램 보다는 아이들을 즐겁게 뛰어 놀게 해 주면서 치료적인 효과를 얻는 심리운동이란 영역이 임상현장에서 많은 효과성을 나타내고 있다.

이러한 분위기에서 여러 현장에서 심리운동을 융합한 치료적 중재와 현장적용 사례가 급증하고 있는 실정이다. 예를 들어 학교, 유치원, 모아애착, 가족관계 장면에서 심리운동의 유희성으로 인한 자율적이고 흥미로운 현장적용 사례가 나타나고 있다.

그래서 본 도서에서는 각 분야별로 심리운동 전문가들이 임상현장에서 적용하는 개념에 대해 프로그램 개발과 함께 작성 해 보았다. 현재 국내에서는 심리운동의 여러 장면에서 적용하는 모습을 볼 수 있었지만 실제로 임상현장에 있는 심리운동사들을 위한 다양한 장면의 적용 개념을 정리 해 놓은 지침서난 도서가 부족한 실정이다. 그러한 실정을 고려하여 여섯명의 심리운동전문가가 다양한 장면에서 심리운동을 적용할 수 있는 개념과 프로그램을 개발하여 보았다.

본 도서를 통해 현장에 있는 많은 심리운동과 놀이를 치료적으로 적용하고 있는 치료사들의 큰 도움이 되고 치료적 방향에 지침이 되길 바랄 뿐이다. 이 도서를 시작으로 더 많은 임상장면 예를 들어 불안, 우울, 부적응 등 심리적 어려움을 갖는 내담자나 관계 개선이나 사회성, 상효작용 향상이 필요한 내담자에 대해서도 현장적용 개념과 프로그램을 개발하여 계속적으로 임상현장의 심리운동사들이 정확한 치료적 방향을 잡아 주는 노력을 할 생각이다.

우리의 아이들이 부모의 손에 이끌려 마지못해 하는 것이 아닌 하기 싫지만 어쩔 수 없이 하는 학습이 아니고 그 아이들의 자율성을 존중 해 주고 긍정적인 놀이 속에서 자발적인 참여와 활동으로 나도 모르게 스며들어 전인적인 발달을 할 수 있는 그러한 움직임 놀이를 위해 앞으로도 더 많은 연구와 노력을 다 할 것 입니다.

우리아이들의 꿈과 행복을 바라는 사람들.....

짜임

Ⅰ. 심리운동 현장적용 7

Ⅱ. 심리운동 실제 현장 17

Ⅲ. 함께 도움을 준 협력 기관 137

I

심리운동 현장적용

지은이; 박석원

1. 심리운동 현장 및 적용 방법

심리운동(Psychomotor) 현장은 신체 활동을 통해 심리적, 사회적 발달을 촉진하는 다학제적 접근법이다

심리운동은 신체 움직임을 통해 개인의 정서적, 사회적, 인지적 발달을 촉진하는 활동입니다. 이는 주로 특수교육, 치료적 개입, 그리고 놀이 기반의 활동을 포함한다. 심리운동의 주요 목적은 신체적 발달면에서는 균형, 협응력, 근력 등의 향상을 도모하고 있으며 정서적 발달면에서는 자아존중감, 자신감, 정서 조절 능력의 증진을 도모한다.

사회적 발달면에서는 사회적 상호작용 능력, 협동심, 의사소통 기술의 발달을 지원하고 인지적 발달면에서는 문제 해결 능력, 집중력, 창의력의 향상을 도모하게 된다.

심리운동의 원리와 방법으로는 첫째 놀이 중심의 활동으로 아동이 즐거움을 느끼는 활동을 통해 자연스럽게 발달을 유도한다. 둘째 개인 맞춤형 접근으로 개인의 필요와 능력에 맞춘 프로그램을 설계한다. 셋째 안전하고 지지적인 환경으로 아동이 안전하게 시도하고 실패를 통해 배울 수 있는 환경을 제공한다. 넷째 다양한 도구와 장비 사용으로 공, 매트, 균형대 등의 도구를 사용하여 다양한 신체 활동을 진행한다.

한국에서는 심리운동이 주로 특수교육과 치료적 목적으로 사용되고 있다. 몇 가지 대표적인 사례를 살펴보면 다음과 같습니다:

특수학교의 심리운동 프로그램적용으로 특수학교에서는 장애 학생들을 위한 맞춤형 심리운동 프로그램을 운영하여 신체적, 정서적 발달을 돕고 있다.

치료적 심리운동 센터적용으로는 여러 치료적 심리운동 센터에서 발달장애 아동을 대상으로 한 개별 맞춤형 프로그램을 제공하고 있다.

지역사회 복지관의 프로그램적용에서는 지역사회 복지관에서는 다양한 연령층을 대상으로 한 심리운동 프로그램을 운영하여 사회적 발달과 심리적 안정을 지원한다.

결론적으로 볼 때 심리운동은 신체적 활동을 통해 정서적, 사회적, 인지적 발달을 촉진하는 효과적인 방법이다. 한국에서도 다양한 분야에서 심리운동이 적용되고 있으며, 이를 통해 많은 아동과 청소년들이 긍정적인 변화를 경험하고 있다. 앞으로 더 많은 연구와 실천이 이루어져 심리운동의 효과와 적용 범위가 더욱 확장 될 것이다.

2. 심리운동 관찰 및 진단

심리운동(Psychomotor)은 신체 활동을 통해 심리적, 정서적, 사회적 발달을 촉진하는 통합적 접근법아다. 심리운동의 효과적인 적용을 위해서는 아동의 발달 상태와 필요를 정확히 이해하는 것이 중요하다. 이를 위해 관찰과 진단이 필수적인 과정이다. 그래서 심리운동에서의 관찰과 진단의 중요성을 인식하고, 이를 효과적으로 수행하는 방법을 제시하는 것이 필요하다.

심리운동에서 관찰은 아동의 행동과 반응을 체계적으로 기록하고 분석하는 과정이다. 이를 통해 아동의 현재 상태와 발달 수준을 파악할 수 있다. 관찰의 주요 목적은 첫째 발달 수준 평가로 아동의 운동 능력, 정서적 상태, 사회적 상호작용 능력 등을 평가한다. 둘째로 필요와 강점 파악으로 아동의 필요와 강점을 파악하여 맞춤형 프로그램을 설계한다.셋째로 진행 상황 모니터링으로 프로그램 진행 중 아동의 변화를 모니터링하고, 필요한 경우 프로그램을 조정한다.

관찰 방법은 다양하며, 상황과 목적에 따라 적절한 방법을 선택해야 한다. 대표적인 관찰 방법은 자연스러운 관찰로 아동이 자연스럽게 활동하는 모습을 관찰한다. 그 외 구조화된 관찰로 특정 활동이나 과제를 수행하는 동안 아동의 행동을 관찰한다. 또한 비디오 녹화로 비디오를 활용하여 관찰 내용을 기록하고, 후에 분석할 수 있다.

심리운동에서의 진단은 관찰 결과를 바탕으로 아동의 발달 상태와 필요를 평가하고, 이에 따른 개입 계획을 수립하는 과정이다.

진단의 주요 목적은 다음과 같다:

정확한 평가로 아동의 발달 상태를 정확히 평가하여 개입의 기초를 마련한다. 개인 맞춤형 계획 수립으로 아동의 필요에 맞는 개별화된 개입 계획을 수

립한다. 효과적인 개입으로는 개입의 효과를 극대화하기 위해 진단 결과를 활용하는 것이다.

진단 방법에는 다양한 도구와 기법이 포함된다. 대표적인 진단 방법은 처째 발달 검사로 아동의 발달 수준을 평가하기 위한 다양한 검사 도구를 사용한다. 둘째 면담으로 부모, 교사 등과의 면담을 통해 아동의 배경 정보를 수집한다. 셋째 포트폴리오 평가로 아동의 작업물과 활동 기록을 분석하여 발달 상태를 평가하는 것이다.

심리운동 관찰과 진단은 상호보완적인 과정으로, 효과적인 심리운동 개입을 위해서는 이 둘을 통합적으로 활용해야 하며 통합적 접근의 필요성으로는 첫째 정확한 평가와 개입으로 관찰을 통해 수집된 데이터를 바탕으로 진단을 내리고, 이에 따라 개입 계획을 수립한다. 둘째 지속적인 모니터링으로 진단 결과를 토대로 개입 과정을 지속적으로 모니터링하고, 필요한 경우 조정한다. 셋째 아동 중심 접근으로 아동의 개별적 필요와 강점을 반영한 개입이 가능해진다는 것이다.

Zimmer(2016)는 관찰과 진단을 통합한 접근이 아동의 발달에 미치는 긍정적인 영향을 보고했다. 이 연구에서는 다양한 관찰 도구와 진단 기법을 활용하여 개별화된 심리운동 프로그램을 설계하고, 아동의 발달 상태를 지속적으로 모니터링 하였다.

결론적으로 심리운동에서의 관찰과 진단은 아동의 발달 상태를 정확히 평가하고, 효과적인 개입을 설계하는 데 중요한 역할을 한다. 관찰을 통해 아동의 행동과 반응을 기록하고, 진단을 통해 아동의 필요에 맞는 개별화된 개입 계획을 수립할 수 있다. 이를 통해 아동의 신체적, 정서적, 사회적 발달을 효과적으로 촉진할 수 있다. 앞으로도 관찰과 진단의 방법을 지속적으로 개발하고, 연구를 통해 그 효과를 검증하는 것이 필요하다.

3. 심리운동 현장적용 연구사례

심리운동의 연구사례는 다양한 현장 적용 사례를 바탕으로 심리운동의 적용 방법을 논의하며, 효과적인 적용 방안을 제시하고 있다. 이 부분에서는 크게 세 개의 현장인 특수교육기관에서의 심리운동, 치료적 심리운동 센터에서의 심리운동, 지역사회 복지관 프로그램에서의 심리운동의 주요 연구사례를 알아보기로 한다.

특수교육기관에서의 심리운동은 특수교육기관에서 장애 학생들을 위한 맞춤형 심리운동 프로그램을 운영하고 있다. 이러한 프로그램은 장애 아동의 신체적, 정서적, 사회적 발달을 지원헌다.

대표적 사례 연구인 Pfeiffer와 Meisel(2014)의 연구에 따르면, 심리운동 프로그램이 아동의 운동 능력과 사회적 기술 향상에 긍정적인 영향을 미친 것으로 나타났다. 연구는 독일의 특수교육기관에서 이루어졌으며, 다양한 놀이와 운동 활동을 통해 아동의 발달을 촉진다

치료적 심리운동 센터에서의 심리운동은 발달장애 아동을 대상으로 개별 맞춤형 프로그램을 제공한다. 이는 주로 개별화된 치료 계획을 통해 아동의 특정 필요를 충족시키는 것을 목표로 한다.

대표적 사례 연구인 Daseking과 Petermann(2016)은 이러한 프로그램이 아동의 정서 조절 능력과 사회적 상호작용 능력에 긍정적 효과를 보고했습니다. 연

구는 심리운동 센터에서 이루어졌으며, 다양한 신체 활동과 정서적 지원을 통해 아동의 발달을 도왔다고 보고 했다.

지역사회 복지관에서의 심리운동은 다양한 연령층을 대상으로 한 심리운동 프로그램을 운영하고 있다. 이러한 프로그램은 지역사회 내 다양한 구성원들이 참여할 수 있으며, 특히 아동과 청소년의 발달을 지원한다.

대표적 사례 연구인 Grosser와 Winther(2017)는 이러한 프로그램이 아동의 정서적 안정을 도모하고, 사회적 발달을 지원하는 데 효과적임을 강조했다. 연구는 지역사회 복지관에서 이루어졌으며, 다양한 놀이 및 신체 활동을 통해 아동의 발달을 촉진했다고 보고 했다.

그 외 심리운동 적용방법별 연구사례는 놀이 중심 접근, 개인 맞춤형 프로그램, 다양한 도구와 장비 사용면에서 알아보기로 한다.

놀이 중심 접근 방법면에서의 심리운동은 놀이를 통해 자연스럽게 발달을 유도하는 방법이다. 놀이 활동은 아동이 즐거움을 느끼며 참여할 수 있도록 도와준다.

대표적 사례 연구인 Bruscia(2014)의 연구에서는 놀이 기반 심리운동 프로그램이 아동의 사회적 상호작용 능력 향상에 효과적임을 보고했다.

개인 맞춤형 프로그램 심리운동에서는 개인의 필요와 능력에 맞춘 프로그램을 설계한다. 이는 개별 상담과 평가를 통해 각 아동의 특성과 목표를 반영한 활동을 계획하는 것을 포함한다.

대표적 사례 연구인 Dunn(2016)은 개인 맞춤형 심리운동 프로그램이 아동의 정서적 안정과 자아존중감 향상에 긍정적 영향을 미친다고 보고했다.

다양한 도구와 장비 사용 심리운동에서는 다양한 도구와 장비를 활용한다. 공, 매트, 트램폴린, 균형대 등의 도구를 사용하여 다양한 신체 활동을 진행함으로써 아동의 흥미를 끌고 다양한 신체적 능력을 발달시킬 수 있다.

대표적 사례 연구인 Eddy(2017)는 다양한 도구를 사용한 심리운동 프로그램이 신체적 발달뿐만 아니라 인지적 발달에도 긍정적인 영향을 미친다고 보고했다.

결론적으로 심리운동은 신체 활동을 통해 심리적, 정서적, 사회적 발달을 촉진하는 중요한 접근법이며 연구 사례를 통해 살펴본 바와 같이, 심리운동은 다양한 형태로 적용될 수 있으며, 그 효과가 입증되었다. 앞으로도 심리운동의 적용 방법을 지속적으로 개발하고, 연구를 통해 그 효과를 검증하는 것이 필요하다.

참고문헌

고문수(2012). 초등체육수업론. 서울:교육과학사.

김영미, 박정희. (2020). “심리운동 프로그램이 아동의 사회적 기술에 미치는 영향.” 한국심리운동학회지, 15(3), 123-135.

박은지, 정민수. (2019). “심리운동을 통한 정서 조절 능력 향상 연구.” 아동발달연구, 41(4), 77-91.

이승호, 장민경. (2018). “발달장애 아동을 위한 심리운동 프로그램의 효과.” 특수교육학연구, 33(2), 45-62.

Bagnato, S. J., & Neisworth, J. T. (1991). “Systematic observation in early childhood assessment.” Journal of Early Intervention, 15(1), 16-33.

Bruscia, K. E. (2014). “Psychomotor play therapy: Techniques and outcomes.” Play Therapy Journal, 19(2), 150-167.

Daseking, M., & Petermann, F. (2016). “Individualized psychomotor therapy for children with developmental disorders.” Journal of Developmental Therapy, 33(3), 89-104.

Dunn, W. (2016). “Tailoring psychomotor interventions to individual needs: A case study approach.” Journal of Occupational Therapy, 70(6), 620-630.

Eddy, J. (2017). “Tools and equipment in psychomotor therapy: Enhancing physical and cognitive development.” Physical Therapy Today, 37(4), 150-165.

Guralnick, M. J. (2000). “Early intervention and the integration of children with disabilities into the mainstream.” Pediatrics, 106(4), 833-841.

Guralnick, M. J. (2000). “Early intervention and the integration of children with disabilities into the mainstream.” Pediatrics, 106(4), 833-841.

Grosser, S., & Winther, H. (2017). “Community-based psychomotor interventions and their impact on emotional regulation." European Community Health Journal, 29(1), 45-60.

Pfeiffer, B., & Meisel, S. (2014). "Psychomotor programs in special education: Enhancing social skills." German Journal of Special Education, 9(2), 123-135.

Zimmer, R. (2009). 창의적인 움직임 놀이(허윤선 역). 서울:시립서울장애인복지관: (2014).

Zimmer, R. (2016). "Integrating observation and diagnosis in psychomotor therapy." International Journal of Psychomotor Therapy, 12(3), 200-215.

Zimmer, R. (2016). "Integrating observation and diagnosis in psychomotor therapy." International Journal of Psychomotor Therapy, 12(3), 200-215.

Ⅱ

심리운동 실제 현장

지은이; 오로사 • 최인주

1. 유치원 현장에서의 심리운동

(1) 유치원 현장이란

유치원 아동은 3세부터 6세까지의 어린이로, 일반적으로 초등학교에 진학하지 않은 유아들을 말한다. 취학 전 유아기 아동은 사회적, 감정적, 인지적, 신체적 발달을 경험하고 성장하는 중요한 시기의 아동으로 걸음마기에 습득한 운동을 기반으로 새로운 운동 기술 발달이 활발하게 이루어지고 가족을 벗어나 확장된 사회적 관계 안에서 상호작용을 경험하며 또래 관계를 맺기 시작하고 기초적인 학습 및 사회 기술을 습득하며, 자아 개념과 자립심을 갖추기 시작한다.

이 시기의 아동들의 사회적 관계망은 주로 유치원에서 이루어진다.

유치원은 3세부터 7세까지의 어린이들을 위한 사교육 기관으로 학교 전입 전에 아동들에게 사회적, 감정적, 인지적, 물리적 발달을 돕는데 중점을 둔다. 유치원은 아동들에게 다양한 활동과 경험을 제공하여 그들의 발달을 지원하는 장소이다. 놀이와 탐구를 통해 자연스럽게 학습하고, 창의성과 상상력을 발휘할 수 있는 환경이 조성된다. 또한 유치원은 아이들이 다른 아이들과 소통하고 협력하는 기회를 제공하여 사회적 기술을 발전시키는 데에도 중요한 역할을 한다. 대부분의 유치원 프로그램은 놀이를 통한 학습, 기초적인 문해 및 수학개념의 소개, 사회 기초 지식 등을 포함한다. 놀이, 예술 및 창의성에 초점을 맞춘 활동을 통해 아이들의 호기심과 탐구심을 자극하고, 기초적인 사회적 기술을 개발하며, 학습 습관을 형성한다.

다시 말해, 유치원은 아동의 발달을 위한 유아교육의 일환으로 부모와 교사가 함께 유치원을 통해 아이들이 자신감을 키우고 적응력을 갖추며, 건강하고 안전하게, 긍정적인 환경에서 발달할 수 있도록 보호와 지원을 아끼지 말아야 한다.

(2) 유치원 현장의 움직임 욕구

유치원 시기는 아동의 운동 능력 발달에 중요한 시기이다.

아동들은 신경 근육의 성숙으로 운동기능에 급속한 발달을 보이게 되며 특히 다리 운동이 분화하면서 손 조작 운동의 속도와 정확성이 빠르게 발달한다. 활동 장소는 집 밖으로 확대되고 또래 집단과 놀이를 하게 된다. 초반에는 주로 대근육을 이용한 큰 동작을 활용한 놀이를 하고 점차 능력이 향상되고 소근육이 발달하게 됨에 따라 정교하고 세밀한 놀이가 가능하게 된다. 이 시기에 기본적인 운동기능이 대부분 완성되며 손 조작 등의 지적 작업의 기초가 되기에 아동에게 충분히 연습할 시간과 기회를 제공해야 한다. 아동은 신체 움직임으로 자기 신체 이미지를 형성하며 이는 자아 형성에 영향을 주기에 건강한 신체와 운동 능력의 발달은 중요하다.

유치원 아동의 운동 능력 발달을 촉진하는 방법으로, 근육 발달과 운동능력 촉진을 위한 놀이와 체육활동, 근력과 지구력 향상을 위한 실외 활동, 신체통제력 방법습득을 위한 동작 개념 습득, 협력 및 목표달성을 위한 팀 스포츠 및 협력활동을 들 수 있다.

이러한 활동들은 유치원 아동의 운동 능력 발달을 촉진하고, 건강한 생활 습관을 형성하는데 중요한 역할을 한다. 함께 놀이와 활동을 즐기며, 아이들이 운동을 통해 자신감을 키우고 건강한 신체와 마음을 유지할 수 있도록 하는 것이 중요하다.

이 시기에 충분한 신체운동 경험과 상호작용의 경험이 주어지지 않는다면 운동성 발달 및 사회성 발달이 지연될 수 있으므로 아동에게 다양한 신체적, 사회적, 정서적 경험은 반드시 필요하다.

(3) 유치원 현장의 심리운동 중재 방법

유치원 아동들에게 움직임은 매우 중요한 역할을 한다. 여러 측면에서 움직임이 아이들의 발달(신체, 인지, 사회, 정서적 발달)에 긍정적인 영향을 미친다.

1) **신체 발달** – 움직임을 통해 근육이 발달되고 운동 능력이 향상된다. 놀이와 체육활동을 통해 아이들은 균형을 유지하고 조절할 수 있는 능력을 키우며, 건강한 신체를 유지하는데 도움이 된다.
2) **인지 발달** – 움직임은 아이들의 두뇌 발달에도 중요한 영향을 미친다. 움직이면서 자신의 몸을 인지하고, 주변 환경과 상호작용하는 능력을 향상시킨다.
3) **사회적 발달** – 움직임은 아이들 간의 상호작용과 소통에도 중요한 영향을

미친다. 그룹 놀이, 그룹 활동을 통해 아이들이 협력하고 소통하는 능력을 배우게 된다. 이는 사회적인 관계를 형성하고 유지하는데 도움이 된다.

4) **정서적 발달** – 움직임은 아이들의 정서적인 발달에도 긍정적인 영향을 미친다. 놀이와 활동을 통해 아이들은 스트레스를 해소하고 감정을 표현하는 방법을 배우며 자신에게 자신감을 갖게 된다.

움직임이 아이들에게 주는 영향에 대해 살펴보면 다음과 같다.

1) **주체적 기능** – 자기 자신의 신체적 능력을 알아가며 자신을 형상화 할 수 있는 능력이 생긴다.
2) **사회적 기능** 서로 협동하거나 대항하는 놀이를 하며, 그 안에서 서로 합의를 찾고 양보하거나 주장을 밀고 나간다.
3) **행위 결과의 기능** – 스스로 무엇인가를 만들고 조작하고 자신의 신체를 통해 무엇인가를 밀고 당기며 움직여본다.
4) **표현적 기능** – 움직임 속에서 느낌과 감정을 발산하고 몸을 통해 표출한다.
5) **감성적 기능** – 욕구, 기쁨. 피곤함 또는 어려움 등과 같은 느낌을 인지하고 이것을 움직임 속에서 경험한다.
6) **탐구의 기능** – 사물과 공간적 주변 세계를 알아가고 인식하며 대상과 도구를 사용해 보고 그것의 특징을 이해한다.
7) **비교의 기능** – 다른 친구들과 자신을 비교하며, 능력을 예측하고 겨뤄보며 승리와 패배를 배워나간다.
8) **적응의 기능** – 외부의 자극과 스트레스를 이겨내고 신체적 기능이 향상되며 자신에게 주어진 일에 대해 대처해 나간다.

위의 모든 기능은 뚜렷하게 구분되거나 분리되는 것이 아니라 서로 상호보완적으로 작용하며 이 외에도 더 많은 움직임의 기능으로 확장시킬 수 있을 것이다.

이를 위해서는 심리운동의 적용이 중요하다고 할 수 있을 것이다. 심리운동은 지각, 경험, 인지, 행동의 기능적 통합으로 이루어진 인간행동의 심리운동적 관계를 뜻하며, 몸의 움직임을 통해 교육과 치료를 지원하는 것을 말한다. 심리와 움직임 행동 간에는 긴밀하고 유기적인 관계가 있음을 의미하며 움직임 행동은 아동 자신을 전체적으로 표현하는 것이고 아동의 전체 인성이 관여되는 것이라고 본다.

심리운동이 목적으로 하는 것은 움직임 체험을 통한 건강한 인성 형성이다. 즉 자신의 능력에 대한 믿음을 강화하는 것이 목적이고 이는 심리와 운동이 밀접하게 관련되어 있고 함께 이루어지기 때문에 움직임 체험을 통해 전인적인 발달과 건강한 인성을 형성하도록 하는 것이 가능하다고 본다.

위에서 살펴보았듯이 발달단계에서 가장 중요한 시기에 있는 유치원 아동에게는 심리운동이 필요하다.

발달적인 부분으로 설명해보면 다음과 같다.

1) **정서적 발달**: 심리운동은 아이들이 감정을 이해하고 관리하는 능력을 향상시키는데 도움이 된다. 유치원 시기에는 아이들이 다양한 감정을 경험하며, 이를 적절하게 다루고 표현하는 방법을 배우는 과정이 중요하다. 심리운동은 아이들이 자신의 감정을 인식하고 표현하는 방법을 배우는 데 도움이 된다.
2) **사회적 기술 향상**: 심리운동은 아이들이 다른 아이들과의 상호작용 및 소통을 개선하는 데 도움이 된다. 이는 친구와의 관계 구축, 대인 관계에서의 문제 해결, 협력 및 공동 작업 등에 중요하다. 심리운동은 아이들이 사회적 기술을 습득하고 발전시키는 데 도움이 된다.
3) **자아 개념 형성**: 유치원 시기에는 아이들이 자신의 아이덴티티를 구축하고 자아 개념을 형성하는 과정을 거친다. 이러한 과정에서 심리운동은 아이

들이 자신을 이해하고 자신에 대한 자신감을 키우는 데 도움이 된다. 강조되는 긍정적인 경험과 자기 표현을 통해 자아 개념이 강화될 수 있다.

4) **문제 해결 및 대처 전략**: 유치원 시기에는 아이들이 다양한 도전과 문제를 경험하며, 이를 해결하는 능력을 키워야 한다. 심리운동은 아이들이 문제를 인식하고 효과적으로 대처할 수 있는 전략을 개발하는 데 도움이 된다. 이는 긍정적인 자기 표현, 스트레스 관리, 갈등 해결 등을 포함할 수 있다.

요약하면, 유치원 아동에게는 정서적, 사회적, 인지적 발달을 지원하고 자아 개념을 형성하며 문제 해결 및 대처 전략을 개발하는 데 심리운동이 필요하다고 할 수 있다. 이를 통해 아이들은 건강하게 성장하고 긍정적인 자아를 형성할 수 있다.

(4). 유치원 현장의 심리운동 프로그램

프로그램 #1: 밥그릇 컬링

가. 목표: 신체 능력 및 사회성 향상

나. 준비물: 타겟, 밥그릇, 점수 기록판

다. 지원영역

지각 능력, 의사소통 및 사회성

라. 놀이방법

- 바닥에 점수 타겟을 설치하고 출발선을 표시한다.
- 개인 또는 팀을 이룬다. (다양한 방식을 통한 팀 선정)
- 각 팀은 빨강, 파랑 두 가지 색상이 표시된 밥그릇을 나누어 받고 출발선에 대기한다. (밥그릇의 개수를 자유롭게 정할 수 있다.)
- 서로 번갈아 가며 타겟을 향해 밥그릇을 밀어 보낸다. (상대의 밥그릇을 밀어낼 수 있다.)

- 밥그릇을 모두 사용하면 타겟 안에 있는 밥그릇이 위치한 점수를 합산해 승패를 정한다.

마. 기대효과

자유로운 경기를 통해 팀원끼리 의사소통을 하며 사회성을 향상하고 운동 능력 발달과 인지 사고 능력을 발달시킬 수 있다.

바. 놀이 확장

밥그릇이 아닌 다른 도구들을 사용하여 놀이에 적용할 수 있다(도구는 다양하게 직접 선택하도록 한다).

프로그램 #2: 탁구공 운전

가. 목표: 공간지각 능력, 소근육 발달

나. 준비물: 종이상자 블럭, 탁구공, 빨대

다. 지원영역

공간지각 능력, 소근육, 호흡 능력

라. 놀이방법

- 종이상자 블록을 이용해 T자, S자 등 운전 면허시험 코스를 만든다.
- 출발지점에 탁구공을 두고 빨대로 불어 모든 코스를 차례로 통과해 본다.

마. 기대효과

호흡 조절 능력을 향상하고 코스를 통과하며 공간지각 능력을 키울 수 있다.

바. 놀이 확장

운전 면허시험 코스가 아닌 미로를 대상자 스스로 만들어본 후 출발 지점에서 도착 지점까지 빨대로 탁구공을 불어 통과해 볼 수 있도록 한다(미로 모양이 아닌 다양한 길을 만들 수 있다).

프로그램 #3: 접시콘을 찾아라!!

가. 목표: 접시 콘을 활용한 사회성 향상 및 인지, 신체능력향상

나. 준비물: 접시콘, 음악

다. 지원영역

색 인지 능력, 대, 소근육, 의사소통 및 사회성

라. 놀이방법

- 다양한 색의 접시 콘을 보여준 후 충분히 탐색하도록 한다.
- 대상자들은 동그랗게 원을 그리고 선다.
- 대상자들이 만든 원안에 다양한 색의 접시 콘을 던져놓은 후 즐거운 음악을 틀어주면 신나게 춤을 추다가 중간에 음악을 멈추며 진행자가 말해주는 색의 접시 콘을 먼저 획득하도록 한다.
- 매 라운드 진행 시 탈락자가 발생하며 탈락자는 진행자의 역할을 수행한다.

마. 기대효과

대상자들이 좋아하는 색의 접시 콘을 통해 색 인지 능력향상 및 의사소통 능력과 사회성을 향상할 수 있다.

바. 놀이 확장

진행자가 말해주는 접시 콘의 색이 아닌 다른 색의 접시 콘을 선택하는 방법으로 진행해 볼 수 있다.

프로그램 #4: 토끼와 거북이(동화)

가. 목표: 동화를 듣고 인지 능력 및 전반적인 능력향상

나. 준비물: 동화 대본, 짐볼

다. 지원영역

인지 능력, 대근육, 집중력

라. 놀이방법

- 토끼와 거북이 동화를 대상자들이 이해할 수 있도록 천천히 읽어 준다.
- 토끼 팀과 거북이 팀을 나눈 후 각자 짐볼을 하나씩 선택하여 편안한 자세로 짐볼 위에 앉는다.
- 진행자가 동화를 들려주면 토끼 팀은 토끼라는 단어에 거북이 팀은 거북이라는 단어가 나올 때 앉은 자세에서 미끄러지듯 짐볼 아래로 내려갔다가 올라온다.
- 진행자는 동화의 대본을 각색하며 재미 요소를 제공해 준다.

마. 기대효과

대상자들이 선호하는 동화를 들으며 호기심을 유발하여 활동에 적극적인 참여를 할 수 있도록 할 수 있고 집중력, 인지 능력 등을 향상할 수 있다.

바. 놀이 확장

짐볼 위에 앉는 자세뿐 아니라 다양한 자세를 선택하여 전반적인 운동 능력을 확장할 수 있다.

프로그램 #5: 롤브렛 운전

가. 목표: 롤브렛을 자유롭게 타보며 신체협응능력 향상

나. 준비물: 롤브렛, 접시콘

다. 지원영역

신체협응 능력, 대, 소근육, 집중력

라. 놀이방법

- 롤브렛을 보여주고 안전 사항에 대해 먼저 설명해준다.
- 롤브렛을 자유롭게 탐색한다.
- 접시콘을 활용하여 롤브렛을 타고 이동할 수 있는 길을 만들어 준다. (직선, 곡선 등)
- 대상자들은 롤브렛을 다양한 신체 부위를 사용하여 길을 따라 자유롭게 이동해 보며 롤브렛 운전을 해본다.

마. 기대효과

롤브렛을 다양한 신체 부위를 활용해 이동해 보며 신체 협응 능력을 향상할 수 있다.

바. 놀이 확장

롤브렛 운전이 익숙해지면 실제 면허시험 코스를 만들어 롤브렛 운전면허증 취득 놀이를 할 수 있다.

프로그램 #6: 신체 부위 놀이

가. 목표: 자신과 타인의 신체 부위를 알 수 있다.

나. 준비물: 음악(동요)

다. 지원영역

신체 경험, 사회성 및 인지 능력

라. 놀이방법:

- '머리 어깨 무릎 발' 동요를 들으며 자기의 신체 부위를 짚어가며 가볍게 준비 활동을 진행한다.
- 준비 활동 후 진행자는 동요를 틀어주고 음악에 맞춰 신체 부위를 알아보다가 음악을 멈추며 특정 부위를 외친다.
- 대상자들은 진행자가 외치는 신체 부위를 자기의 몸에서 손으로 짚는다(다양한 부위를 알 수 있도록 진행자는 여러 부위를 외친다).

– 대상자들이 자기의 몸의 부위에 익숙해지면 같은 방법으로 타인의 신체 부위를 짚어보도록 하며 활동을 이어간다.

마. 기대효과

자기, 타인의 신체 부위를 터치하며 인지 능력을 향상하고 신체 경험을 할 수 있으며 서로 교감하며 사회성을 키울 수 있다.

바. 놀이 확장

신체 부위뿐만 아닌 현장에 있는 다양한 물건의 명칭으로 대체하여 진행할 수 있다.

프로그램 #7: 속도 놀이

가. 목표: 신체기능 향상 및 인지 확장

나. 준비물: 장난감 운전대, 속도 판

다. 지원영역

신체 경험, 사회성 및 인지 능력

라. 놀이방법

- 대상자들은 운전대와 속도 판을 자유롭게 탐색해보고 어떠한 놀이를 할 수 있는지 이야기 나누어 본다.
- 탐색이 끝난 후 진행자는 가상의 원을 만들어 대상자들을 동그랗게 세운다.
- 진행자는 속도 판을 보여주며 속도를 말해주고 대상자들은 속도에 맞게 뛰거나 걷거나 멈추거나 하면서 자신의 몸을 스스로 체감하는 속도에 맞춰본다.
- 위와 같은 방법으로 속도를 느리게 또는 빠르게 변형하며 놀이를 진행한다.

마. 기대효과

자신의 몸을 스스로 통제할 수 있는 능력을 키우고 자유롭게 사용할 수 있게 되며 속도에 대한 인지 능력을 향상할 수 있다.

바. 놀이 확장

놀이에 적응이 되었다면 도로, 인도, 횡단보도 등을 만들어 가상 운전 놀이를 진행할 수 있다.

프로그램 #8: 미로 찾기

가. 목표: 미로를 스스로 만들어 보며 창의성을 얻고 함께 놀이하며 사회성을 키운다.

나. 준비물: 3단 매트리스

다. 지원영역

신체 경험, 창의력, 사회성 및 인지 능력

라. 놀이방법

- 대상자는 3단 매트리스를 바닥에 깔아두고 자유롭게 탐색한다.
- 탐색을 마친 후 진행자의 신호에 맞춰 3단 매트리스를 세워 자유롭게 미로 모양을 만들어 본다.
- 미로 모양이 완성된 후에 출발점과 도착점을 정한 후 혼자 또는 팀을 이루어 미로를 넘어트리지 않고 목표에 도착해 보는 활동을 한다.

– 매트리스를 넘어트리거나 도착점에 도착하지 못했을 때는 다른 대상자 또는 진행자의 도움을 요청할 수 있다.

마. 기대효과

자신이 스스로 미로를 꾸며보며 창의력을 향상시킬 수 있고 타인과 상호작용을 하며 사회성을 향상시킬 수 있다.

바. 놀이 확장

매트리스의 개수를 추가하여 더욱 큰 미로를 만들어 놀이를 진행할 수 있고 단체로 꼬리를 잡고 통과해 보는 활동을 할 수 있다.

프로그램 #9: 보물섬

가. 목표: 나만의 방법으로 바다를 건너 보물섬에 도착해본다.

나. 준비물: 매트리스, 로프, 롤브렛, 파라슈트 등

다. 지원영역

창의력 향상 및 성취감 향상

라. 놀이방법

- 대상자는 다양한 준비물을 자유롭게 탐색하는 시간을 갖는다.
- 진행자는 심리운동 공간 양쪽에 매트리스로 섬을 만들고 한쪽은 출발점 다른 한쪽은 보물섬이고 그 사이는 바다라고 알려준다.
- 대상자들은 바다에 빠지지 않고 출발점에서 보물섬으로 갈 수 있는 방법을 다양한 준비물을 활용해 자유롭게 건너가 본다.

- 정답이 있는 놀이 활동이 아닌 대상자들의 자유로운 생각과 창의력을 알아보는 놀이이며 긍정적인 지지를 대상자의 자유로은 방법에 긍정적인 지지를 해준다.
- 한 가지 방법이 아닌 여러 가지 방법을 생각하도록 한다.

마. 기대효과

자신만의 생각으로 바다를 건너 보물섬을 찾아감으로써 창의력을 높이고 목표 달성에 의한 성취감을 느낄 수 있다.

바. 놀이 확장

자신만의 생각으로 바다를 건너 보물섬을 찾아감으로써 창의력을 높이고 목표 달성에 의한 성취감을 느낄 수 있다.

프로그램 #10: 이심전심 놀이 (마음을 통해라!!)

가. 목표: 자신과 타인의 마음과 생각을 공유함으로써 사회성을 향상시킬 수 있다.

나. 준비물: 양면 색판(파랑색, 빨강색) 동물 또는 그림 카드, 매트리스

다. 지원영역

사회성 및 인지능력

라. 놀이방법

- 대상자와 진행자, 또는 대상자와 대상자 사이에 매트리스를 세우고 서로 마주 보고 앉는다.
- 각각 양면 색 판을 한 개씩 손에 들고 진행자가 하나, 둘, 셋 외치면 다른 대상자에 어떤 색의 판을 보여줄지 생각하고 판을 위로 든다.
- 상대방과 나의 색이 일치하는지 확인해보고 놀이를 이어간다.

– 같은 방법으로 놀이를 반복하고 몇 번 마음과 생각이 일치하였는지 이야기 해본다.

마. 기대효과

잠시라도 상대에 마음과 생각에 대해 느껴보며 사회성을 향상시킬 수 있다.

바. 놀이 확장

양면 색 판이 아닌 동물 그림 카드, 음식 카드 등을 활용하여 놀이를 확장시켜 볼 수 있다.

참고문헌

진정원(2015) 심리운동 프로그램이 학령기 전 아동의 운동성 발달과 사회적 능력향상에 미치는 효과

한동원(2009) 유치원생들의 신체 활동이 사회성에 미치는 영향

레나테 짐머(2014) 창의적인 움직임 놀이 (유치원에서의 심리운동)

이국향 아동을 위한 해결중심 심리운동 가족 상

E. j. Kiphard (박재우 번역) 움직임이 치료한다 – 발달장애 아동을 위한 심리운동 프로그램

박석원(2022) 발달 지향적 움직임 놀이 I 심리운동 신체경험 : 능력지향 이론을 중심으로

지은이; 고해인

2. 초등학교 현장에서의 심리운동

(1) 초등학교 현장이란

초등학교는 우리나라 교육제도 체계 속에서 가장 먼저 교육을 받는 공간이다. 그렇다면 초등학교의 목적과 목표는 무엇인가? 우리나라 교육법(초·중등교육법 제38조)에서는 초등교육의 목적을 국민 생활에 필요한 기초적인 초등 보통교육을 하는 것이라고 명시하고 있다. 초등학교 현장에서 보이는 초등교육의 목적은 아동으로 하여금 평생학습자로서의 삶을 살 수 있는 학습의 기초와 조화로운 인간관계를 영위하는데 필요한 공동체의 기초, 그리고 자유와 선택권을 가진 인격체로서 보다 나은 삶을 살 수 있도록 하는 삶의 기초를 교육하는 것을 목적으로 하고 있다(김정효, 이해지 2004). 이에 따른 초등학교 교육목표를 세부적으로 살펴보면 아래와 같다.

- 몸과 마음이 균형 있게 성장할 수 있는 다양한 경험을 가진다.
- 일상생활의 문제를 인식하고 해결하는 기초 능력을 키우고, 자신의 생각과 느낌을 다양하게 표현하는 경험을 가진다.
- 다양한 일의 세계를 이해할 수 있는 넓은 학습 경험을 가진다.
- 우리의 전통과 문화를 이해하고 사랑하는 태도를 가진다.
- 일상생활에 필요한 기본 생활 습관을 키우고, 이웃과 나라를 사랑하는 마음을 가진다.

이러한 목적과 목표 아래 초등학교 입학 이후 첫날부터 집단학습을 위해 필요한 사항들이 아이들에게 제시된다. 유치원 까지는 교사와 아동 집단 간의 상호작용을 최소화 하고 주로 아동 개개인과 교사의 상호작용으로 이루어는 것과는 차이가 있다. 이러한 집단 내의 때와 장소에 맞는 행동에 대해 알아가도록 하는 경험은 유치원에서는 중요하게 다루어지지 않고, 중등교육에서는 이미 학습되어진 것으로 간주되고 있다.

초등학교 현장에서 현재 보편적으로 이루어지고 있는 집단 수업 모습을 간략히 정리하면, 아동은 각자의 좌석에 앉아 교사를 향해 집중해야 하며 교사의 설명을 들으며 그 흐름을 따라 사고를 하며 주제와 관련된 것을 생각하고 발언권을 얻어 발표한다. 교사가 과제나 활동을 주면 주어진 과제를 수행하고 교사는 아동들의 활동을 돕는다. 수업의 마무리 즈음에는 교사가 제시하는 질문에 답을 하는 형식으로 진행이 되고 있다. 초등학교에서는 아동들이 집단적 단위로 학습을 할 줄 알게 하는 학습 전략을 익히게 하는데 중점을 두고 있다.

아동에게 초등학교는 의도된 교육 공간뿐만 아니라, 중요한 일상적 생활의 공간으로서의 의미를 가지며, 즉흥적이며 발생적으로 다양한 삶의 의미를 경험 할 수 있는 많은 기회를 제공한다. 초등학교라는 공간에서 아동은 타인과의 관계를 발견하고 필요한 일상적 규범을 익히며, 사회 속에 개인으로서 관심을 확장하고 그에 필요한 사회 규범을 익힌다. 이는 단순히 규범을 인지적으로 이해하는 것 뿐만 아니라 나와 다른 타인에 대한 관심을 가지도록 하는 정의적 측면과 이를 행함으로써 경험 하는 기쁨과 자부심등의 심미적 측면을 포함하고 있다.

또한 아동은 물리적, 정신적으로 건강하고 안전하게 보호, 양육 받는 경험을 가짐으로써 아동 자신이 존중받아야 하는 인격체임을 인식하고 이해한다. 이러한 특성은 초등학교 저학년에서 두드러진다.

초등학교는 즐겁고 더 나은 삶을 추구하는 공간이기도 하다. 아동들은 휴식시간이 되면 자신이 하고 싶은 일에 혼자 또는 친구들과 몰두 한다. 뿐만 아니라 수업 중이라 할지라도 친구들과 수시로 장난을 치기도 하는데 이는 아동에게 의미 있는 일이기도 하다.

한편 교육부가 발표한 2022 개정 교육과정은 미래사회 변화에 적극적으로 대응할 수 있는 기초소양과 역량을 함양하여 포용성과 창의성을 갖춘 주도적인 사람으로 성장할 수 있도록 추진되었는데 2015 개정 교육과정 이후 7년 만에 발표된 우리나라의 11번째 교육과정이다. 교육과정의 주요 과제가 여럿 있었지만, 눈의 띄는 내용은 첫 적용 대상인 초등학교 1~2학년의 경우 신체활동 강화를 중점으로 하여 즐거운 생활 체제를 유지하면서 신체활동 시간을 강화하고, 안전한 생활 재구조화로 신체활동 시수를 확보하는 것으로 교육과정이 개선되었다는 점이다.

초등학교 1~2학년군 교육과정에서 개선된 부분을 자세히 살펴보면, 먼저 대근육 신체활동과 실질적 움직임 기회를 제공을 위해 '즐거운 생활'교과에서 실외 놀이 및 신체활동을 강화하여 신체활동을 보장하고 있다. 이를 위해 기존 즐거운 생활이 80시간에서 144시간으로 확장되었으며 이에 따른 구체적이며 체계적인 신체활동에 대한 계획이 요구됨을 알 수 있다.

아직까지 우리나라에서는 심리운동 저변이 확대 되지 않았지만, 위의 교육과정 개정의 방향을 살펴볼 때 교육현장에서도 심리운동과 같이 아이들의 움직임의 중요성을 인식하고 아이들에게 기회를 제공하기 위한 최소한의 장치를 마련하는 듯하다.

(2) 초등학교 현장의 움직임 욕구

초등학교 현장에서 만나게 되는 대상은 만 6,7세~12,13세에 해당하는 아동이다. 이 시기는 건전한 성인으로 성장할 수 있도록 기본적인 토대를 마련해주는 중요한 시기로 신체적 · 지적 · 사회적 · 도덕적 발달이 활발히 이루어진다고 할 수 있다(이인학 외, 2011). 이 시기의 아동은 부모의 전적인 영향에서 벗어나 학교생활에 잘 적응하고, 사회적 상호작용 및 사회적응, 자신감, 자신과 타인에 대한 긍정적인 자아개념을 형성해야하는 발달과업을 가지고 있다. 자신과 타인에 대한 긍정적인 자아개념은 신체적 특징, 가치관, 역할, 사회적 신분 등 다양한 측면에서 자신과 타인에 대한 긍정적인 평가를 의미한다.

초등학교에서 대부분의 아이들은 신체접촉에 대한 근본적인 욕구를 가지고 있는데, 아이들은 신체적으로 끈질기게 버텨야 하는 강한 자극을 경험하길 원하며, 이를 통해 자신의 한계를 경험으로써 자기 자신에 대한 인식을 새롭게 할 수 있다. 아이들은 자아실현 및 자신감을 상승시키고 삶의 가치를 경험할 수 있는, 의미 있는 경험에 대한 기본적 욕구를 가지고 있다. 또한 이 시기의 아이들에게는 "재미"가 화두가 되는데, 재미있고 즐거운 경험들은 아이들로 하여금 행복감을 느끼고 경험하게 하여 아동 자신이 존중 받고 있는 존재임을 깨닫게 한다. 아이들의 움직임 욕구인 활동성은, 초등학교 학생의 특성을 잘 나타내준다. 실제로 자리에 가만히 앉아서 수업에 임하기보다는 의미 있는 상황에서 부분적 혹은 전체적으로 신체를 움직이며 참여하는 수업 방식을 초등학생들이 더 선호한다는 연구도 있다.

(3) 초등학교 현장의 심리운동 중재 방법

심리운동의 모든 활동은 흥미, 자발성, 동기유발을 전제로 하고 있다. 이러한 점은 초등학교에서 아이들이 스스로의 삶과 밀접하게 관련성을 갖고 있거나 신체를 부분적 혹은 전체적으로 움직이도록 하는 활동성을 나타낼 때, 수업내용과 방법에서 아동이 적극성과 책임감을 가지고 결정내리는 주도성이 있을 때, 수업내용과 접근방법이 실제로 현실세계에서 나타나는 즉 그 내용이 충분히 실제로 벌어질 수 있는 일을 관찰하고 참여하고 수행함으로써 진정성이 나타날 때 수업에 몰입하고 참여하였다는 연구와도 맞닿는 지점이 있다고 생각한다.

그렇기 때문에 초등학교 현장에서 심리운동 활동을 하게 된다면, 아이들의 흥미와 재미를 끌만하며 초등학생의 삶과 어느 정도 연관이 있을법한 상황이나 주제를 고려해야 한다. 그런 후 본격적인 놀이를 시작하기 전 놀이에 필요한 물건을 스스로 찾게 하거나, 준비된 놀잇감을 보고 어떤 놀이를 하면 좋을지, 하고 싶은 지 등에 대한 이야기를 나누는 것이 좋다. 이 과정에서 아이들로 하여금 자연스럽게 동기유발을 하고 주도성을 다소 경험 할 수 있을 것이다.

놀이 과정 중에는 심리운동이 과제난이도와 참여에 부여하는 자발성으로 인해 아이들은 목표에 성공하기 위해 자기조절을 경험하고, 움직임에 대한 성취감이 높아지고, 자신감을 가질 수 있다. 이는 심리운동에 참가하는 아이들로 하여금 주어진 환경에서 개인의 행동 가능성의 향상과 긍정적 자아상의 발달을 경험할 수 있게 한다. Gao, Lee 및 Harrison(2008)에 의하면 아동의 성공경험이 많아질수록 자기효능감을 증진시키고, 이런 자기효능감은 아동의 내적동기, 긍정적인 정서를 촉진하는 역할을 하게 된다고 하였다. 때문에 심리운동은 아동이 독립적인 존재로 성장하도록 하며 아동이 의미 있는 존재로서의 자신을 발견해 나가는 밑거름이 되는데 기여할 것이라 생각한다. 이는 초등학교의 목적과 목표와도 밀접히 관련을 맺을 수 있을 것이다.

다음 장에서 다루는 심리운동 프로그램은 각 초등학교 상황, 교사의 지도, 공간의 형태, 시간 확보, 학생의 특성 및 정도 등에 따라서 얼마든지 변형할 수 있다. 즐거운 생활에서 제시된 실외활동을 위해서는 제시한 심리운동 프로그램을 실외활동에 적합하게 수정하여 사용하면 목표에 더 부합할 뿐만 아니라 아이들로 하여금 더 큰 움직임을 유도할 수 있을 것이다.

(4). 초등학교 현장의 심리운동 프로그램

프로그램 #1: 거미를 잡아라

가. 목표: 감각적 움직임 촉진&조절 및 자기&타인 인식

나. 준비물: 철봉

다. 지원영역

물질능력, 자기능력

라. 놀이방법

– 실외 활동으로서 운동장에 있는 철봉에 한명의 거미 역할인 친구가 매달리고, 여러 명의 친구가 거미를 떨어뜨린다.

마. 기대효과

자기 한계 및 강한 자극 체험, 자기&타인 인식

바. 놀이 확장

거미 역할인 친구가 놀이 중 1회만 "친구 거미 출동"을 외칠 수 있으며, 외치게 되면 여러 명의 친구 중 한 사람이 같은 거미 역할을 수행 하도록 하여 상호작용을 촉진한다.

프로그램 #2: 물병 줄다리기

가. 목표: 자기 효능감 향상&소근육 움직임 조절

나. 준비물: 물병, 마스킹 테이프

다. 지원영역

물질능력, 성취경험, 사회적 능력

라. 놀이방법

– 마스킹 테이프를 사용하여 사다리 모양칸(7~13칸 사이)을 바닥에 그려준다 물병을 사다리 가운데 칸에 두고, 아동들을 두 팀으로 나눈다. 한 사람씩 돌아가며 물병을 3번 안에 세운다. 성공하면 사다리 가운데 칸 물병을 자신의 팀 쪽으로 한칸씩 옮길 수 있고, 마지만 칸까지 옮기면 승리한다.

마. 기대효과

성취감& 성공감 경험을 통한 자기효능감 향상, 협동 경험

바. 놀이 확장

프로그램 #3: 볼링 피구

가. 목표: 감각적 움직임 촉진&조절 및 자기&타인 인식

나. 준비물: 책상, 잘 튀겨지는 다양한 크기의 공

다. 지원영역

자기능력, 사회적 능력, 물질능력

라. 놀이방법:

- 책상을 옆으로 눕힌 벽을 세워 정사각형 모양(3m*3m) 정도의 공간을 만들어 준다. 공간의 크기는 상황에 맞게 조절이 가능하다. 술래 한명은 공간의 맨 모서리 사리에 안대로 눈을 가린 채로 앉는다. 다른 아동들은 자유롭게 움직이다가 술래가 "멈춰" 하면 멈춘다. 그런 다음 술래는 공을 굴린다. 공이 완전히 멈출 때까지 집중하고 그 사이에 공에 맞은 사람은 술래가 된다. 공이 올 때 움직인 사람도 술래가 된다.

마. 기대효과

다양한 감각 자극 및 움직임 조절, 자기 통제 경험, 자연스러운 신체 접촉을 통한 타인 인식

바. 놀이 확장

프로그램 #4: 몸으로 느끼고 따라 하기

가. 목표: 움직임 조절 및 자기&타인 인식

나. 준비물: 매트

다. 지원영역

사회적 능력, 자기능력

라. 놀이방법

- 2인 1조로 서로 등을 대고 자리에 앉는다. 한명은 움직이고 다른 한 명은 그 등에 느껴지는 움직임에 집중하면서 동일하게 움직여본다. 역할을 바꾸어 해보고 서서히 서로 등을 위로 밀면서 일어난다. 움직임의 의도를 이해할 수 있었는지, 어떤 의도로 움직임을 정해서 활동했는지에 대해 이야기를 하며 마무리 한다.

마. 기대효과

신체접촉을 통한 움직임 촉진&조절, 성취감 경험, 자기&타인 인식

바. 놀이 확장

프로그램 #5: 다른 부분 찾아내기

가. 목표: 시지각 집중력 향상 및 자기효능감 향상

나. 준비물: 다양한 놀잇감

다. 지원영역

물질능력, 자기능력, 성취경험

라. 놀이방법:

– 한 사람씩 돌아가며 심판이 되고, 심판은 다양한 물건 5개정도를 정해진 공간 안에서 자유롭게 배치한다. 선수 역할인 아동들은 5개의 물건의 위치와 모양을 10~20초간 관찰 한 후 뒤돌아서 눈을 감는다. 심판은 1~2개 물건의 위치를 바꾸거나, 새로운 물건을 1~2개 정도 더하거나, 5개 중 1개를 빼본다. 그 후 선수들은 다른 부분이 무엇인지 찾아내고 이야기 한다. 아동의 수준에 따라 물건 개수를 늘리고, 다른 부분 개수도 늘려본다.

마. 기대효과

시지각 집중력 향상, 성취경험을 통한 자기효능감 향상

바. 놀이 확장

프로그램 #6: 징검다리 건너기

가. 목표: 움직임 촉진 및 조절, 자기효능감 향상, 자기&타인 인식

나. 준비물: 원형 모양의 마커, 콩주머니

다. 지원영역

자기능력, 물질능력, 성취경험, 사회적 능력

라. 놀이방법

- 원형 모양의 마커(징검다리) 위로 이동하여 바닥(깊은 강)을 건너서 출발선(땅)에 도착 하는 놀이이며 이러한 설정을 먼저 설명 해준다. 아동들을 두 팀으로 나누고 각자 솜털공 또는 콩주머니를 한 개씩 가진다. 정사각형 모양(3m*3m) 정도의 공간 안의 양 끝에 출발선(땅)을 표시 하고, 각 팀은 일렬로 줄 밖에 선다. 출반선 사이에 마커를 인원에 따라 10~20개 정도를 곳곳에 놓아둔다. 출발 신호에 맞춰 솜털공을 마커를 향해 던져 올린다. 성공하면 마커 위로 올라갈 수 있다. 던진 공이 마커 위로 올라가지 못하면 움

직일 수 없다. 같은 마커 위에 동시에 공을 올렸다면 가위바위보로 이긴 사람이 마커 위에 올라가고 진 아동은 자리로 돌아가서 다시 도전 한다. 다른 아동이 있는 마커 위에는 공을 던질 수 없다. 출발선에 가까운 마커에 도착하면 점프하여 이동하고 모든 팀원이 반대편으로 도착하면 승리한다.

마. 기대효과

움직임 촉진 및 조절, 성취 경험을 통한 자기효능감 향상, 자기&타인 인식

바. 놀이 확장

프로그램 #7: 애벌레 달리기

가. 목표: 자기&타인 인식, 협동 경험, 자기효능감 향상, 움직임 촉진&조절

나. 준비물: 콘

다. 지원영역

자기능력, 사회적 능력, 성취경험

라. 놀이방법:

- 아동들을 두 팀으로 나누고, 앞사람은 뒷사람의 발목을 잡아 모든 팀원이 쭉 이어서 앉는다. 그 상태에서 조금씩 앞으로 이동한다. 먼저 반환점을 돌아 도착 하면 승리한다.

마. 기대효과

신체접촉을 통한 움직임 촉진&조절, 성취경험을 통한 자기효능감 향상, 협동을 통한 긍정적 대인관계 경험

바. 놀이 확장

프로그램 #8: 시장 놀이

가. 목표: 자기&타인 인식, 사회 경험

나. 준비물: 시장에 팔만한 물건(개인적으로 준비), 장식에 필요한 사무 용품

다. 지원영역

사회적 능력, 성취경험

라. 놀이방법

– 참가하는 아동들을 사전에 구매자와 판매자로 역할을 나누어 준 후, 판매자가 된 아동만 각자 자신이 생각하는 팔만한 물건을 미리 하나씩 준비해 온다. 인원에 따라 반절은 구매자가 되고, 반절은 판매자가 되어 판매자는 자신의 책상을 물건을 팔수 있는 장소로 자유롭게 꾸민다. 그리고 물건의 가격은 정해진 범위 내에서 아동 스스로 결정하게 한다. 기다리는 동안 구매자들끼리 모여 오늘 어떤 물건을 사고 싶은지 이야기를 나눈다. 준비가 되면, 아동들은 각자의 역할 대로 물건을 사고파는 활동을 한다.

마. 기대효과

사회와 자신의 관계 이해와 관심 확장, 의사소통 능력 함양

바. 놀이 확장

구매자와 판매자의 역할을 바꾸어 다음 회기에 같은 활동을 해봄으로써 서로 다른 역할을 생각해보고 경험하도록 한다.

프로그램 #9: 핑퐁 놀이

가. 목표: 자기&타인 인식, 협동 경험, 움직임 촉진&조절

나. 준비물: 공, 책상

다. 지원영역

자기능력, 물질능력, 사회적 능력, 성취경험

라. 놀이방법:

- 교실 내부 책상 6개를 합쳐서 큰 네모 모양을 만든다. 책상 주위에 아동 5~6명이 둘러선다. 한명 씩 손바닥으로 공의 아래쪽을 쳐서 튀긴다. 한명이 연속으로 칠 수 없으며, 함께 협력 하여 최대한 오랫동안 공을 튀긴다. 실제 활동 전 연습 시간을 충분히 준다.

마. 기대효과

움직임 촉진 및 조절, 협동을 통한 긍정적 대인관계 경험, 성취경험을 통한 자기효능감 향상

바. 놀이 확장

놀이 중에 심리운동사가 신호(박수를 치거나, 호루라기를 불거나 등)를 주면 반대 손으로 바꿔 공을 튀긴다.

프로그램 #10: 우산을 살려라

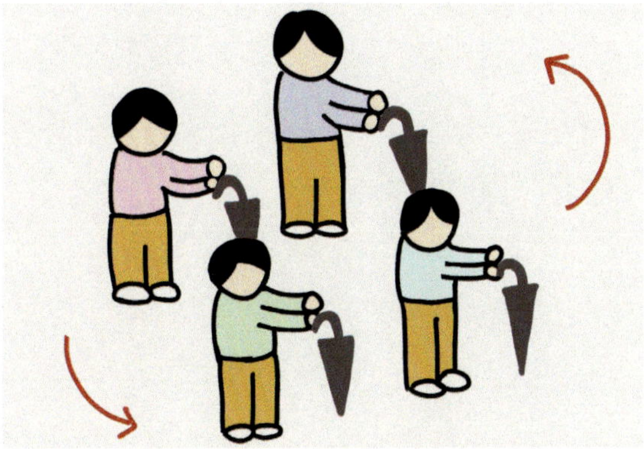

가. 목표: 자기&타인 인식, 협동 경험, 움직임 촉진&조절

나. 준비물: 우산

다. 지원영역

자기능력, 물질능력, 사회적 능력, 성취경험

라. 놀이방법

– 한 팀에 5~7명의 아동들이 각자의 우산을 앞에 두고 원형 모양으로 선다. 원의 중앙에는 한명의 아이가 서서 하나, 둘, 셋 하고 박자를 세준다. 셋에서 아동들은 자신의 우산을 세워둔 채 시계방향으로 재빨리 옆으로 움직여 친구의 우산을 잡는다. 1~2분 동안 우산을 최대한 쓰러트리지 않고 살리는 놀이로, 실제 활동 전 연습 시간을 충분히 준다. 팀 대결로도 가능하며, 동시에 할시 에는 두 팀 간 대결로 하고, 나머지 대기 하는 아동들 중 한명씩 각 팀 별로 몇 회를 성공하는지 세어준다.

마. 기대효과

움직임 촉진 및 조절, 협동을 통한 긍정적 대인관계 경험, 성취경험을 통한 자기효능감 향상

바. 놀이 확장

심리운동사의 신호(호루라기 등)에 따라 움직임의 방향과 이동하는 칸수를 조절해본다. (1~2칸 옆자리로 이동 등)

프로그램 #11: 한걸음 술래잡기

가. 목표: 자기&타인 인식, 움직임 촉진&조절

나. 준비물: 없음

다. 지원영역

자기능력, 성취경험

라. 놀이방법:

- 아이들을 출발선 뒤에 서게 한 후 술래 한명은 출발선으로부터 가장 멀리 가서 선다. 술래가 "한걸음" 외치면 다 같이 동시에 한걸음 앞으로 가거나 한번만 점프해서 간다. 술래와 가장 가까운 사람이 잡힌다.

마. 기대효과

자기&타인 인식, 움직임 촉진 및 조절, 성취경험을 통한 자기효능감 향상

바. 놀이 확장

한걸음 보다 더 많은 걸음을 가게 하거나, 움직임 방향을 정해준다. 예를 들어 두 걸음을 뒤 또는 옆으로 가게 한다.

참고문헌

고문수(2012). 초등체육수업론. 서울:교육과학사.

김명지(2018). 심리운동 프로그램이 발달지체유아의 활동참여행동과 자기효능감에 미치는 효과. 석사학위논문, 창원대학교 대학원, 경남.

김미숙(2001). 초등학생의 발표불안과 자기효능감 및 학교생활적응의 관계에서 또래애착의 매개효과. 석사학위논문. 숙명여자대학교 대학원, 서울.

김연정(2018). 초등학생의 학업적 자기효능감이 진로발달에 미치는 영향에서 스트레스 대처행동의 매개효과. 석사학위논문. 숙명여자대학교 교육대학원, 서울.

김윤태(2009). 지적장애아 조기중재를 위한 심리운동적 접근 방법. 지적장애연구, 11(4), 305-318.

김윤태(2019). 심리운동 기본과정. 전북: 한국심리운동연구소.

김정효, 이해지(2004). 초등학교 교실현장에서 드러나는 초등학교교육목적의 성격. 초등교육연구, 17(2), 1-26.

어수지(2021). 심리운동프로그램이 고학년 초등학생의 자기효능감에 미치는 효과. 심리운동연구, 7(3), 117-140.

오형정(2012). 교육연극을 활용한 말하기 학습이 초등학생의 자기표현력과 자기효능감에 미치는 효과. 석사학위논문. 이화여자대학교 대학원, 서울.

이인학, 박지은, 김도진, 최성열(2011). 초등학생의 정서지능, 학습동기, 자기효능감, 사회성이 학교 적응에 대한 상대적 예측력. 아동교육, 20(3), 21-31.

이지민(2008). 담임교사의 사회적 지지도와 초등학생의 학업성취도 및 자기효능감 간의 관계. 석사학위논문. 창원대학교 대학원, 경남.

전지수(2022). 2022 개정 교육과정에의 심리운동 활동 적용방안. 심리운동연구, 8(3), 189-207.

정은비(2018). 사회경험을 강화한 심리운동이 부적응 초등학생의 사회적 기술에 미치는 영향. 석사학위논문. 단국대학교 특수교육대학원. 경기.

Zimmer, R. (2009). 창의적인 움직임 놀이(허윤선 역). 서울:시립서울장애인복지관: (2014).

심리운동 실제 현장

지은이; 허지혜

3. 모아애착 형성을 위한 심리운동

(1) 모아 현장이란

여성의 일생에 있어 매우 중요한 전환과정으로 볼 수 있는 첫 아이의 출생은 이제까지 경험하지 못한 어머니로서의 자신을 새롭게 발견하게 되고 실제적인 모성 역할을 경험하게 된다(김혜원등, 1998). 분만 후 임신과 분만으로 인해 신체적, 사회적, 심리적 변화를 경험하는 동시에 의존적인 영아를 양육하기 위한 능력을 습득하면서 어머니로서의 역할에 적응하며 신생아에 민감하게 반응하고, 영아를 가족의 일원으로 수용, 통합하여야 하는 과제를 경험하게 된다(하영수와 이영은, 1992).

어머니로서의 역할을 습득하고 적응하는 시간과 공간에서 일어나는 모든 상호경험이 모아 현장이 될 수 있다. 배고파 우는 아기에게 수유할 때 사랑스럽다고 이야기해 주고, 목욕할 때 첨벙거리는 물소리를 들려주며 물놀이하고 따뜻한 물이 몸에 닿는 느낌을 알려주고, 불편한 기저귀를 갈아 줄 때도 배를 만져주고 간지럽혀 놀아주고 바람으로 엉덩이를 말려주며 놀이하고, 더 열성적으로는 태중에 있는 아이와도 부드럽게 배를 만지면서 이야기를 들려주거나 노래를 들려주고 아기의 반응과 함께 상호작용하는 모아 현장이 될 수 있다.

(2) 애착이란

■ 애착의 개념

애착은 개인의 생활에서 가장 최초로 나타나는 발달현상으로 생애 초기 밀접한 부모와의 관계 속에서 성장하며 또래 관계, 더 나아가 자신이 속한 사회에서의 대인관계를 확장 시켜 나가게 되는데, 특별히 주 양육자인 어머니와 아이 간의 근본적인 유대관계를 애착이라 한다(정옥분, 임정하, 정순화, 김경은, 박연정, 2008).

애착이 형성되는 결정적 시기는 만 2세까지라고 알려져 있는데 이 시기는 애착형성에 아주 중요한 시기라고 할 수 있다. 즉, 애착(Attachment)이란 양육자와 형성하고 있는 강하고 지속적인 정서적 유대 또는 인간 사이의 지속적인 심리적 연계를 의미한다(박희경, 2009). 부모만이 애착형성을 위해 노력하는 것이 아니며, 영아 또한 엄마를 찾으며 울거나 눈을 마주치고 엄마를 따라 웃으며 애착형성을 위한 애착행동을 하는 것이다. 이러한 영아의 애착행동에 적극적인 반응을 보이는 것이 중요하다. 영아기에 형성되고 초기 형성된 애착의 질과 유형이 지속적으로 유지된다고 보기 때문에 애착에 대한 연구는 주로 영아를 위주로 이루어졌다(서선옥, 2016). Bowlby(1958)는 애착이라는 용어를 영아와 어머니 사이의 유대관계의 특성을 설명하면서 최초로 사용하였다. 애착은 사람이나 동물이 자신과 다른 특정한 개체사이에 형성하는 정서적 유대이고 이러한 유대관계는 시간이나 공간을 넘어서 지속되고 다른 사람에게 접근 추구를 하고 접근유지를 하려는 행동이며 가장 가까운 사람과 연결하려는 강렬하고 지속적인 정서적 결속을 말한다. 특정한 사람에게 애착을 느낀 영아는 그 사람을 세상을 탐색하는 안전기지로 사용한다. 애착은 본능적이고 양육자로부터의 분리는 본능적인 욕구를 저해하는 것이다. 애착 행위의 중요한 기능은 스트레스 경감인데 유아의 스트레스 경감은 대개 신체적 접촉에 의해 가장 잘 달성된다. 따라서 애착이란 특정한 사람과의 결속을 강화하는 능동적, 정서적, 상호작용적, 지속적 유대관계라 할 수 있다.

태어나서 오랫동안 타인으로부터 보살핌을 받아야 하는 영아에게 있어 양육자와의 애정적 유대(affectional bond)가 매우 중요하고 이러한 애정적 유대는 영아를 위험으로부터 보호하고 안전을 보장하는 기능을 하며 단순한 정서적 관계 이상의 의미를 함축하고 있다. 모 자녀 애착관계에서 영아는 자신의 욕구가 적절히 받아들여질 때 어머니에게 안정감을 느끼고 어머니와 격리되거나 상실의 아픔을 겪게 될 때는 분노나 슬픔의 정서를 경험하게 된다(김영옥, 2003).

■ 애착발달이론

애착이 유아와 어머니의 상호작용을 통해 형성되며 인간의 생존에 필수적인 초기경험은 중요하다. 애착은 단계를 거치며 발달하게 되는데 0~3개월의 영아는 양육자에게 접촉추구를 시도하며 사람에 대해 변별적 반응은 나타내지 않으며 무분별한 사회적 반응단계이다.

3~6개월의 영아는 친숙한 사람과 낯선 사람에 대한 영아의 반응이 다르게 나타나기 시작하여 변별된 사회적 반응단계이다. 6개월~3세의 유아는 애착대상에 대한 적극적인 접근과 이를 유지하기 위한 행동 보이기 시작하고 적극적이고 능동적인 접근과 접촉추구의 단계이다.

3세~아동기는 애착대상의 행동을 예측하게 되어 애착대상이 설정한 목표를 깨닫게 되는 목표수정 동반관계이다.

발달심리학에서 애착은 정신분석이론에 뿌리를 둔다. Freud의 정신분석이론에 의하면 영아의 수유욕구에 어머니가 반응하여 만족감을 주는 양육행동이 모-아의 정서적 관계를 생성한다고 본다(정경화, 2013).

정신분석학적 이론가들은 어머니와 영아 사이의 정서적 유대는 빠는 행동을 통해 만족감을 얻는 구강기 시기의 영아가 빨고자 하는 욕구를 어머니가 충족시켜 주는 데서 발생한다고 보았다. 즉, 애착은 기본 욕구를 만족시키는 수단으로 생물학적 성향이라고 가정하면서 영아의 생존에 필수적인 부모의 자녀 양육 행동이 애착 형성에 중요하다고 본다.

학습이론은 유아에게 가장 가까운 환경인 양육자가 양육 행동을 많이 할수록 유아와의 애착이 강하게 형성된다고 본다. 유아의 접근 추구 및 접근유지 행동의 안전성은 이 행동에 대한 어머니의 강화 여하에 따라 달라질 수 있다고 본다.

인지발달이론에서는 대상 영속성에 대한 실험을 통하여 존재하는 물체가 시야에서 가려지거나 사라져 보이지 않더라도 그것이 사라지지 않고 여전히 존재하고 있는 것을 아는 능력을 생후 6개월 전후에서 돌 이전에 획득하게 되면, 부모나 주요 보호자가 시야에서 사라져도 여전히 존재한다는 사실을 이해하여 안심하고 안정감을 경험하여 불안을 줄일 수 있으며, 대상 영속성의 인식은 아기의 인지 발달과 세계를 이해하는데 매우 중요한 근본적 역할을 한다고 본다.

동물행동학이론은 애착의 학습이 종 특유의 학습능력에 의해 고무되지만 애착행동의 형성과 발달에 있어서 선천적 학습능력과 환경적 자극이 통합적으로 작용하며 동물의 각인 과정과 인간의 애착에는 동일한 기제가 존재한다고 본다. Bowlby(1969)는 동물행동학적 이론을 인간의 발달과 유아와 어머니 간의 애착관계에 적용하였다.

■ 애착의 유형

Ainsworth(1978)는 낯선 상황 실험(strangesituationprocedure)에서 생후 12개월이 된 아이가 어머니와 분리된 후 재회할 때 보이는 행동을 기초로, 애착 유형을 안정형, 불안정 회피형, 불안정 저항형으로 구분하였다.

안정애착 유형의 유아는 어머니가 있을 때 가끔 어머니에게 가까이 가며 어머니가 떠났다가 들어오면 매우 반긴다. 어머니가 있으면 낯선 상황이나 낯선 장난감을 두려움 없이 탐색한다. 어머니가 잠시 떠나도 격리 불안을 보이지 않았고 어머니 양육 태도는 유아의 요구에 민감하게 반응하고 유아 스스로 노는 것을 충분히 허용한다.

불안정 회피애착 유형의 유아는 어머니가 떠나도 별다른 동요를 보이지 않았고, 끊임없이 탐색하고 침착하게 보였지만 어머니와 분리된 이전과 이후 측전한 코르티솔(스트레스 호르몬)은 안정된 유아에 비해 유의하게 증가하였고 어머니가 들어와도 반응을 나타내지 않는다. 어머니의 양육 태도는 영아의 요구에 둔감하며 영아와의 신체접촉을 회피하며, 접촉했을 때 무뚝뚝한 반응을 보였다.

불안정 양가적 애착 유형의 유아는 분노하는 유아들과, 수동적인 유아들이었다. 어머니가 어디에 있는지 집착하여 탐험하지 못하고 어머니와 분리되면 극심한 불안을 나타낸다. 어머니가 돌아오면 분노하는 유아들은 엄마 곁에 같이 있으려 하기도 하고 심하게 거부를 표현하기도 하였다. 수동적인 유아들은 엄마에게 직접 다가가지 못하고 수동적으로 위로받기를 표현했다. 어머니의 양육 태도는 유아의 요구에 예측할 수 없는 방식으로 반응했고, 유아의 신호에 둔감하였다.

애착은 내적 실행모델을 통해 전 생애 동안 비교적 안정적으로 지속되며, 성인기의 대인관계 양상을 결정하는 중요한 요인으로 작용하므로 애착대상과의 상호작용의 질이 개인의 적응에 중요한 역할을 하고 있음을 알 수 있다(김지현, 2006; 김선희, 2011). 따라서 주 양육자 특히 부모와 형성된 안정된 애착은 유아가 앞으로 인간관계를 형성하는데 영향을 미칠 뿐 아니라, 사회적 존재로 살아가는데 중요한 역할을 한다고 볼 수 있다.

■ 애착의 전수와 발달

애착은 세대를 이어 전수되는데 어머니의 대모애착은 애착의 내적실행모델로 인해 세대간 전이가 이루어진다는 이론을 근거로 어머니가 자신의 어머니에 대해 형성한 애착을 의미한다. 어머니의 대모애착이 잘 형성되었을 경우 어머니 자신이 부모가 되어 자녀를 양육하는 데 효능감이 있음이 나타났다. 특히 어머니가 자녀와의 관계에서 어머니의 대모와 애착 형성이 잘 이루어지면 전반적인 양육에 효능감을 가지고 자녀와 의사소통이 원활함을 알 수 있었다(정경화, 2013).

영아와 차별화된 사람과의 애착은 계속되지만, 그 관계는 발달하고 변화한다. 유아기에 보이는 애착의 의미는 영아기에 보이는 것과 달라지기 때문에 애착 행동의 기준도 달리 보아야 한다. 영아기에는 애착 대상을 향한 직접적인 근접을 원하고 행했다면 유아기에는 간접적인 시도를 하게 된다. 유아는 성장을 하면서 부모와 유아의 상호관계에서 내적 상태를 공유하게 되므로 신체적 근접이 덜 필요하게 되고 또한 높은 수준의 인지와 의사소통 능력을 통해 애착이 더욱 발달된다(Marvin, 1977). Cohen(1974)은 두 사람 간의 특별한 애정적 관계가 애착이며 애착 대상은 심리적으로 서로 특별한 관심을 가짐으로써 다른 사람이 대신할 수 없는 기능을 한다고 보았다. 이와 같은 대부분의 학자들의 생각에서 볼 때 애착이란 자신과 다른 특정한 대상에 대하여 인간이나 동물들이 정서적으로 긴밀한 관계를 형성하는 것이며 대략 어느 정도 안정성을 유지하는 것이라고 볼 수 있다. 즉, 애착의 안정성이란 쉽게 변하지 않음을 의미하는 데 애착의 특성이 시간의 흐름에 따른 지속성을 가지기 때문이다. 생후 초기에 형성된 애착의 특성이 상당히 안정적이라는 사실은 일정 기간 동안 연속적으로 영아가 동일 대상에 대해 보이는 애착 유형을 비교 측정한 단기 종단적 연구를 통하여(Vaughn, Gove, & Egeland, 1980) 알 수 있다. 내적 애착 관계가 아동의 발달에 미치는 영향은 Bowlby의 표상모델, 또는 내적 실행모델의 개념으로 설명할 수 있다(김선희, 2011 재인용; Bretherton & Munholland, 1999). 내적 실행모델은 유아기 동안의 애착대상과의 경험된 상호작용패턴에 의해 구성된다(Bretherton & Munholland, 1999). 내적 실행모델이란 한 개인이 자신과 세계, 사건에 대해 갖는 의식적, 무의식적인 정신적 표상으로 애착과 자아의 애착과 관련된 행동, 사고, 느낌을 균형 잡고 설명하고 미리 짐작하는것을 돕는 것이다. 즉, 유아는 내적 실행모델에 기초하여 새로운 환경의 정보나 자극을 이해하며 미래를 예측하고 계획한다고 보았다(왕혜옥, 2003). Bowlby(1973)는 생의 초기에 경험한 양육의 민감성 여부는양육자의 반응성 및 가용성(availability)에 대한 광범위한 표상에 영향을 미치고, 어린 아동은 실제적인 상호작용에 근거하여 애착 대상에대해 그리고 애착 대상과의 관계에 대해 내적 실행모델을 발달시킨다고 주장하였다(Cassidy, 1988; Laible & Thompson, 1998). 따라서 안전의 위협에 직면했을 때 애착대상과의 관계가 상호 신뢰적이고, 또한 가치 있는 반응을 체험한 아동은 안정적인 애착을 이루게 되고 이를 통해서 타인이 자기에게 도움을 주며 상호 신뢰적이라는 타인의 상을 가지게 되며, 돌봄을 받기에 자신이 알맞은 사람이라는 긍정적인 자기상을 가지게 되는 것이다. 나아가 사회에 대해 긍정적인 기대를 하고, 사회적 상호작용에 대해 이해한다. 반면, 위협상황으로부터 애착 대상에게 거절을 당하거나 부정적 반응을 경험한 아동은 불안정적인 애착을 형성하게 되며 이를 통해 타인이 자기에게 부정적이며 자기는 돌봄을 받을 가치가 없다는 내적 실행모델을 가지게 되는 것이다(이준영, 2003; Bretherton & Munholland, 1999). 유아를 양육하는 데 있어 주 양육자인 부모의 즉각적인 민감한 양육 행동에 의해 안정된 애착을 발달시킬 수 있다.

(3) 모아 애착형성 현장의 움직임 욕구

■ 어머니의 민감성과 정서적 유대감 지향

해리 할로우의 원숭이 애착 실험은 한쪽 우리에는 철사로만 되어있는 우유만 나오는 어미 모형을 만들어 두었고, 다른 쪽에는 헝겊으로 덮여 있는 어미지만 우유가 없는 어미 모형이 있는 우리 안에 어미와 분리된 새끼 원숭이들을 넣어 실험한 것으로 각 우리에서 자란 원숭이들은 어느 한쪽을 선택하도록 하였을 때 헝겊 어미 쪽을 선택하였다. 또 원숭이 우리의 헝겊 어미를 없애고 공포 자극을 노출 시키자 원숭이들은 철사 어미 쪽으로 가는 것이 아니라 구석에 몸을 웅크려 손가락을 빨고 있거나 완전히 얼어버리는 반응을 보였다. 원숭이들에게 장난감을 주었을 때 철사 어미에서 자란 원숭이들은 아무런 관심을 보이지 않았고 헝겊 어미 쪽에서 자란 원숭이들은 장난감에 천천히 접근하였다. 어미와 분리되어 성장한 원숭이는 다른 원숭이와의 접촉을 피하고 두려워하며 정서적 불안과 공포를 나타냈고, 정상적으로 성장한 원숭이에 비해 공격적 성향을 강하게 드러내는 것으로 나타났다.

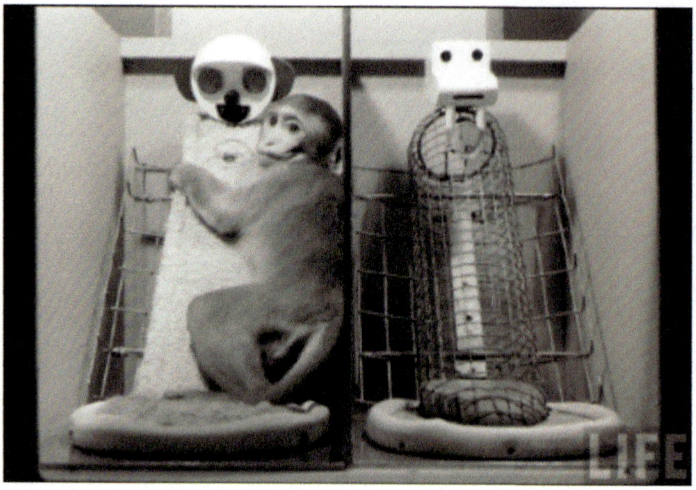

[그림 1] 해리 할로우의 원숭이 애착 실험

위 실험에서 볼 수 있듯이 생명 보존을 위한 음식 섭취보다 정서적인 유대감을 추구하고 있고 이것이 안정감을 형성하는데 중요한 것임을 알 수 있다. 또한 아이의 신호에 대하여 어머니가 민감하게 알아채고 그것을 정확히 해석하고 재빠르고 적절한 반응이 안정된 애착관계를 발달시키는데 중요한 역할을 한다고 애착이론가들은 주장한다(Ainsworth, 1969; Bowlby, 1982).

■ 모성 본능과 사회적 관계욕구

인간은 일반적으로 아기를 낳게 되면 아기를 위해 많은 시간과 에너지를 쓰고 헌신적으로 돌보게 된다. 이러한 본능적 돌봄의 욕구는 태어난 아기의 울음소리에 반응하여 젖을 물리고 기저귀를 갈아주고 베넷 미소에 웃음 짓게 한다. 아기 또한 울음, 미소, 옹알이 등 사회적 몸짓을 통해 모와 접근을 시도하고, 소리를 흉내 내고 행동을 따라하는 등 사회적 관계를 형성한다.

(4) 모아 애착형성을 위한 심리운동 중재 방법

애착은 사회적 관계의 질을 결정하는 데 큰 영향을 미치는 것으로 보이며 애착이 잘 형성된 아동은 애착이 잘 형성되지 못한 아동보다 타인과 세상에 긍정적으로 대하고, 학교나 다른 사회환경과 상황을 더 안전하게 느끼고 탐색하도록 도와 정서적 안정을 취하게 하고 더 성숙하게 관계할 수 있는 능력을 발달시키는 것으로 보인다. 안정된 애착 형성은 개인의 긍정적 발달과 삶의 질에도 커다란 영향을 주는 것으로 보이기에 일생에 있어 매우 중요한 과제라 생각한다.

어머니와 함께하는 심리운동에서 어머니는 이러한 애착발달단계에 따른 유아의 욕구를 인정하고 지지해주게 되어 유아로 하여금 어머니에 대한 신뢰를 갖게 한다. 부모와의 신뢰감은 유아 자신의 능력을 배가시킨다(Zimmer, 2005). 모아 심리운동놀이는 유아가 그동안 경험하지 못했던 모아 관계에 대해 긍정적인 재경험을 할 수 있도록 하여 안정적으로 애착이 형성되도록 돕는 프로그램이 된다. 동시에 어머니 역시, 모아 심리운동놀이를 통하여 자녀의 발달 단계를 이해하고, 이에 따른 놀이방법을 익히고 반응하는 방법을 배우게 되어 양육에 긍정적인 영향을 미칠 수 있게 된다.

■ 애착과 자아존중감

Ronsenberg(1965)는 자신에 대한 긍정적이거나 부정적 평가와 관련된 것으로 자아존경과 자신을 가치 있는 사람으로 생각하는 정도라고 하였다. 자아존중감은 자신을 중요하다고 생각하고 성공적이며 가치 있다고 믿는 정도로서, 자신을 수용하고, 존중하며 자신을 좋아하여 스스로를 가치 있는 인간으로 느끼는 주관적 평가를 말하는 것이라 정의할 수 있다. 자아존중감은 자기 자신의 존재에 대한 의미를 인식하고 중요성을 알게 하여 자신에 대한 긍정적인 평가를 내리게 하고 결과적으로 주어진 일과 상황에 대해 처리하는 능력을 확신하도록 하기 때문에 매우 중요하다. 자아존중감은 인생의 전 과정에서 발달이 진행되며 유아기 아동기 시기를 통해 지속적으로 발달해 나간다.

자아존중감은 다른 사람과의 상호작용에 의해 형성되며 특히 자기 자신이 중요하다고 생각하는 사람들로부터 관심과 그들과의 성공적인 경험에 의해 계속적으로 영향을 받으면서 변화, 발달해 나간다. 자아존중감 형성에 대하여 여러 연구자들은 중요한 타인들에 의한 무조건적 사랑과 수용이 긍정적 자아존중감 형성에 가장 중요함을 강조하고 있다(김양숙,1995). 또한 Hoffman, Ushpiz, 그리고 Iery−Shiffu(1988)는 자아존중감 발달에 중요하게 영향을 주는 존재인 부모와 동료의 상대적인 영향력에 대하여 연구한 결과 어머니의 지지가 자아존중감 발달에 가장 큰 영향을 미친다고 하였다.

■ 애착과 사회적 유능감

영유아기를 지나 발달하면서 아동기에 들어가게 되는데 애착은 아동의 유능감에도 많은 영향을 미친다. 사회적 유능감이란 개인적 목표를 획득하는 능력으로 아동이 사회의 바람직한 구성원으로 성장하고 원만한 사회생활을 하며 또래 관계 및 학교생활의 적응을 비롯한 사회정서 발달에 있어 매우 중요한 요인이다.(Anderson & Messick, 1974; Chen, Rubin & Parker & Asher, 1987; Raver & Zigler, 1997; Waters, Wippman & Sroufe, 1983; 이경숙 · 박진아, 2004 재인용).

아동기는 또래와의 상호작용이 활발해지고 사회적 유능감의 기초가 형성되는 중요한 시기로 아동기에 형성된 사회적 유능감의 질은 청년기 및 성인기의사회적 적응문제와 관련이 있다는 연구 결과들이 보고되고 있다(김현주, 2009).

사회적 유능감이란 인간이 사회적 성원으로 성장하고 사회생활을 하기위해 필요한 능력을 말한다(김미화, 1997). 사회적 유능감이 형성되지 않으면 인간 스스로 영위하고자 하는 바람직한 삶을 살아가기 어렵기는 물론 자아실현이라는 궁극적 삶의 목표에 이루기도 어려워지는데 이러한 사회적 유능감 형성에는 많은 변인들이 관련된다고 할 수 있는데 애착 또한 중요 변인 중 하나라 할 수 있겠다.

(5) 모아 애착형성 현장의 심리운동 프로그램

외국 연구에서 보고된 바에 따르면 부모와의 안정적인 애착은 아동의 공격성을 감소시키지만(Malete, 2007) 불안정적인 애착은 공격성을 높인다(Marcus, 2007)고 보고되었으며, 불안정적인 애착이 형성된 자녀는 자신이 경험했던 타인과의 관계에 대한 불안함과 분노를 자신의또래 관계를 파괴하고 조종하는 관계적 공격 행동을 함으로써 표출하는 경향이 있다(Michiels et al, 2008)고 보고되었다. 또한 부모애착과 아동의 관계적 공격성 간의 연관성은 국내 초등학교 고학년을 대상으로 조사된 연구에서도 부모애착이 관계적 공격성에 유의미한 영향을 미치는 것(유혜경 ,남현우, 2010)으로 보고되었다.

생애 초기에 형성된 공격성은 성인기까지 지속되고 강화되는 경향이 있으며(Tremblay, 2000), 공격적인 어린이나 청소년들은 친구들에게따돌림을 당하고, 공부를 잘하지 못하며, 열등감을 가지는 경향이 있다. 또한 이런 공격적 성향 때문에 친구들과의 관계에서 보다 공격적으로 행동하게 될 가능성이 크게 되므로 그들로부터 외면당할 소지가 높다(Dodge,1985).

공격적인 아동들은 대개 자신의 욕구나 감정을 현실에 맞게 해결하지 못하고, 사회적인 문제해결 기술을 가지고 있지 못하며, 또래나 교사와 갈등도 심하여 학교에서 부적응과 비행을 일으킬 확률이 높다고 하였다(김향미, 2001). 공격적인 아동들은 혐오적이고 강압적인 대인관계 방식을 사용하기 때문에 또래로부터 거부당하게 되며, 교사와의 갈등도 심하게 되어 학교생활에서의 부적응이 더욱 심화된다고 하였다(진주희, 1998).

이렇듯 모아 애착 형성을 위하여는 모-아 간 스킨십이 매우 중요한 매개가 되는 것을 알 수 있다. 그렇기에 긍정적 스트로크의 경험을 통하여 안정된 애착을 쌓고 자신에 대한 긍정적 자존감을 형성하고 사회적 유능감을 경험하게 하는 모아 애착 형성을 위한 심리운동 프로그램을 소개하고자 하며 장점은 다음과 같다.

- 애착발달단계에 따른 유아의 욕구를 인정하고 지지해주게 되어 유아로 하여금 어머니에 대한 신뢰를 갖게 된다.
- 유아가 그동안 경험하지 못했던 모아 관계에 대해 긍정적인 재경험을 할 수 있도록 하여 안정적으로 애착이 형성되도록 돕는다.
- 자녀의 발달 단계를 이해하고, 이에 따른 놀이방법을 익히고 반응하는 방법을 배우게 되어 양육에 긍정적인 영향을 미칠 수 있다.

(5). 모아 애착형성 현장의 심리운동 프로그램

프로그램 #1: 예쁘다! 사랑스럽다!

가. 목표: 안정감, 친밀감

나. 준비물: 로션

다. 지원영역: 사회적 능력, 자기능력

라. 놀이방법

- 리드미컬한 목소리로 아기에게 예쁘고 사랑스러운 존재라는 것을 이야기하며 손톱과 손에 마사지하듯 로션을 발라 준다.

마. 기대효과

친밀감, 안정감 자기존중감 확대

바. 놀이 확장

로션을 얼굴, 손, 발 등 신체의 여러 부위로 넓혀 마사지 하여 발라주며 친밀감을 형성한다.

프로그램 #2: 까꿍놀이

가. 목표: 대상영속성 획득, 안정감 경험

나. 준비물: 수건, 스카프, 이불 등

다. 지원영역

타인인식, 사회적 능력

라. 놀이방법

- 수건이나 스카프, 이불 등을 사용하여 모의 얼굴을 가려 아기에게 보이지 않도록 한 다음 "엄마없다", "까꿍~ 여기있네", 하며 환하게 웃으며 나타나는 모습을 아기에게 보여준다.

마. 기대효과

시야에 보이지 않지만 대상이 그곳에 계속 있는 것을 알게 되어 대상영속성 획득 및 정서적 안정감 경험

바. 놀이 확장

점점 시간을 늘리고 목소리의 크기 높낮이를 조절하는 놀이로 확장.

프로그램 #3: 담요 태우기

가. 목표: 신체인식, 균형감, 고유수용감각

나. 준비물: 담요

다. 지원영역

물질능력, 성취경험, 사회적 능력

라. 놀이방법

- 담요를 펼쳐 놓고 그 위에 아이가 편안하게 누울 수 있게 한다. 아이에게 파도 소리를 들려주며 마치 바다 위 돛단배에 탄 것처럼 담요 양 끝을 잡고 천천히 흔들어 준다.

마. 기대효과

자신의 신체를 인식하고 균형감각과 고유수용감각 향상

바. 놀이 확장

아이를 태운 담요의 모서리를 모아 고정하여 잡은 뒤 담요의 밑부분(아이가 있는 부분)을 몇 번을 꼰 뒤 풀어 주어 뱅글뱅글 돌아가게 한다.

프로그램 #4: 보글보글 거품놀이

가. 목표: 친밀감, 안정감

나. 준비물: 욕조, 따뜻한 물, 거품 목욕제

다. 지원영역

물질경험, 성취경험, 사회적 능력

라. 놀이방법

– 욕조에 따뜻한 물을 적당량 채우고 거품 목욕제를 풀어 거품을 만든 뒤 엄마와 아이 모두 물속에 들어가 거품을 만지며 목욕 놀이를 한다. 머리, 볼, 턱, 손등 신체에 거품을 얹은 뒤 어떤 모양을 닮았는지 이야기를 나누고, '후' 하고 불어 거품을 날려 본다. 거품을 이용해 아이의 몸 구석구석을 마사지하여 준다.

마. 기대효과

따뜻한 물속에서 엄마와의 스킨십을 통해 친밀감을 형성하고 안정되 애착을 형성한다.

바. 놀이 확장

아기오리 인형을 물에 풀어 놓고 소리를 들려주고 헤엄치는 놀이를 한다.

프로그램 #5: 엄마 손 잡고 걸음마

가. 목표: 자기 효능감 향상 & 대근육 움직임 조절

나. 준비물:

다. 지원영역

자기인식, 성취경험, 타인인식, 사회적 능력

라. 놀이방법

- 엄마와 아이가 두 손을 맞잡고 리듬감 있는 동요를 부르며 아이의 발걸음을 뗄 수 있게 도와준다. '쿵작짝 쿵작짝 엄마랑 나랑~ 나랑 엄마랑~ 쿵작짝 쿵작짝 엄마랑 나랑~ 나랑 엄마랑~ 즐겁게 즐겁게 노래해 쿵작짝 쿵자짝' 아이의 발을 엄마의 발 위에 올려놓고 발걸음을 옮겨도 된다.

마. 기대효과

엄마와 함께 움직임을 통해 자기와 타인 인식 능력을 도울 수 있고 함께 하는 움직임을 통하여 자기효능감과 협동 능력 향상

바. 놀이 확장

엄마와 아이가 손을 맞잡고 서서 볼 부비부비, 코 부비부비, 이마 부비부비를 하며 친밀감을 경험한다.

프로그램 #6: 찾아라 젤리

가. 목표: 자기 효능감 향상 & 소근육 움직임 조절

나. 준비물: 낱개로 포장된 젤리

다. 지원영역

물질능력, 성취경험, 사회적 능력

라. 놀이방법

– 젤리를 모의 턱 밑, 겨드랑이, 옷주머니 등에 숨기고 아이가 젤리를 찾아 낼 수 있게 한다. 아이가 젤리를 찾으면 포장을 벗겨 맛있게 먹는다.

마. 기대효과

성취감& 성공감 경험을 통한 자기효능감 향상, 협동 경험

바. 놀이 확장

젤리나 작은 과자를 모의 주변에 숨겨 놓고 아이가 찾아보도록 놀이한다.

프로그램 #7: 솜터치 놀이

가. 목표: 친밀감, 신체인식

나. 준비물: 솜공

다. 지원영역

물질경험, 신체인식, 사회경험

라. 놀이방법

- 목욕 후 따뜻한 공간이나 이불 위에 아이를 눕히고, 로션을 발라 주고, 솜공으로 '우리 00이 예쁜 이마'라고 이야기하고 이마를 터치, '우리 00이 예쁜 볼, 코, 귀, 배꼽, 손, 무릎, 발...'차례대로 터치, 신체의 명칭을 이야기하며 그 부분을 솜공으로 터치하여 준다.

마. 기대효과

부드러운 촉감을 경험하여, 자기 신체를 인식하고 타인 및 사회경험으로 친밀한 애착 형성에 도움

바. 놀이 확장

엄마와 유아의 역할을 바꾸어서 엄마가 지칭하는 신체를 손으로 짚어 알아맞히는 놀이를 한다.

프로그램 #8: 간지럼 놀이

가. 목표: 신체 긍정적 인식, 친밀감

나. 준비물: 없음

다. 지원영역

자기인식, 타인인식, 사회경험

라. 놀이방법

- 아기를 엄마 무릎 위에 앉히고, 아기 겨드랑이 부분을 부드럽게 간지럽힌다. '엄마 손가락이 이사를 가네'라고 이야기하며, 점차 간지럼 태우는 부위를 몸통으로 이동하고, 손끝, 발끝까지 간지럼을 부드럽게 태운다. 신체의 명칭을 이야기하며 간지럼을 태운다.

마. 기대효과

신체기관의 이름을 듣고 친숙해지고 자신의 신체를 긍정적으로 인식

바. 놀이 확장

프로그램 #9: 나처럼 해봐요 요렇게

가. 목표: 시지각 협동, 움직임 조절 및 자기&타인 인식

나. 준비물: 없음

다. 지원영역

사회적 능력, 자기능력

라. 놀이방법

- 엄마와 아이가 서로 마주 보고 선다. 이때 엄마와 아이의 눈높이를 맞추기 위해 엄마는 무릎으로 앉아도 된다. 먼저 엄마가 거울을 보듯이 아이의 움직임을 똑같이 따라 한다. 아이도 거울을 보듯이 엄마의 움직임을 따라 한다.

마. 기대효과

서로의 행동을 모방하는 움직임을 통하여 자신의 움직임을 조절하고, 자기&타인 인식 확장

바. 놀이 확장

프로그램 #10: 허수아비 놀이

가. 목표: 균형감각, 대근육, 자기 효능감 향상

나. 준비물: 베개or 방석or 쿠션

다. 지원영역

물질능력, 자기능력, 성취경험

라. 놀이방법

- 바닥에 베개를 놓고 그 위에 아이가 올라가 팔을 벌리고 선다. 균형을 잡기 위해 자기 몸의 근육과 움직임을 조절한다. 단계를 높여 하나씩 베개를 늘려 도전한다.

마. 기대효과

폭신한 베게에서 균형을 잡기 위해 몸의 움직임을 조절하며 대근육과 균형감각, 자기효능감 향상

바. 놀이 확장

프로그램 #11: 엄마 한입 나 한입

가. 목표: 시지각 협응, 타인인식

나. 준비물: 쌀과자

다. 지원영역

자기능력, 물질경험, 성취경험, 사회적 능력

라. 놀이방법

- 쌀과자를 적당한 크기로 준비하여 그릇에 담아 놓는다.
- 아이와 마주 앉아 '고소한 과자 00이 입속으로~'라고 이야기하며 아이에게 과자를 먹여 준다.
- '맛이 어때? 엄마도 아~' 하고 아이에게 이야기 한다.
- 아이가 엄마 입에 과자를 넣어 주면 '엄마 입속에 쏙 들어왔네'라고 말하며 기뻐하며 아이를 칭찬한다.

마. 기대효과

엄마와 따뜻한 시선으로 마주 앉아 한입씩 먹여주며 만족감을 경험하고, 눈과 손의 협응을 발달시키고 타인인식과 사회적 경험을 향상 시킨다.

바. 놀이 확장

프로그램 #12: 손발 따라 그리기

가. 목표: 신체인식, 친밀감, 타인인식

나. 준비물: 도화지, 크레파스

다. 지원영역

자기인식, 사회적 경험,

라. 놀이방법

- 크레파스와 도화지를 준비한다.
- 도화지 위에 아이의 손을 올려놓고 크레파스를 사용하여 윤곽선을 그린다. 아이의 발 모양도 같은 방법으로 그려 준 뒤 크레파스로 안쪽을 색칠한다.

마. 기대효과

자기 신체를 긍정적으로 인식하게 하고 모와의 친밀감을 형성

바. 놀이 확장

프로그램 #13: 반창고 붙이기 놀이

가. 목표: 자기&타인 인식, 친밀감, 안정감

나. 준비물: 반창고

다. 지원영역

자기인식, 사회적 경험, 물질경험

라. 놀이방법

- 반창고를 준비한다. 아이와 마주 앉아 '우리00이 어디 아야 했나?' 라고 이야기하며 몸을 구석구석 살핀다. 조그마한 상처가 있는 곳이라도 '호'하고 반창고를 붙여준다. '또 어디 아픈데 있어?' 하고 아이에게 물어보고 아이가 아프다고 하는 곳에 '아 여기가 아프구나'라고 이야기하며 반창고를 붙여준다.

마. 기대효과

엄마가 아이의 몸에 있는 작은 상처를 찾아 반창고를 붙여주면 보호받고 있다는 느낌을 받고 안정감을 경험하고 모와의 친밀감을 형성.

바. 놀이 확장

프로그램 #14: 점점 세게 점점 약하게

가. 목표: 자기&타인 인식, 친밀감, 안정감

나. 준비물: 없음

다. 지원영역

신체인식, 움직임 조절, 사회적 능력

라. 놀이방법

- '달팽이 집을 집시다' 노래를 '00이 안아 줍시다'로 바꾸어 부르며 아이르 안아준다. '점점 세게 점점 세게' 부르며 점점 세게 아이를 껴안아 준다. '점점 약하게 점점 약하게' 부르며 점점 약하게 아이를 껴안준다.

마. 기대효과

자기신체를 긍정적으로 인식하고 따뜻한 신체접촉을 통해 친밀감 안정감을 경험하여 사회적 능력 향상

바. 놀이 확장

아이의 몸을 주물러 주는 놀이를 한다. 점점 세게 주무르고 점점 약하게 주물러 주며 놀이한다.

프로그램 #15: 햄버거 냠냠

가. 목표: 자기&타인 인식, 협동 경험, 자기효능감 향상, 움직임 촉진&조절

나. 준비물: 없음

다. 지원영역

자기능력, 사회적 능력, 성취경험

라. 놀이방법

– '아이와 마주하고 서로의 손을 햄버거 재료로 활용하여 햄버거를 만든다. 햄버거 만들어 볼까? 먼저 엄마가 손을 내밀어 '햄버거 빵'이라고 이야기한다. 엄마 손 위에 아이가 '양상추 넣고'하고 이야기하고 손을 얹는다. 다시 아이 손 위에 엄마가 '토마토 넣고'라고 이야기하고 손을 얹는다. 다시 엄마 손 위에 '고기패티 넣고'라고 이야기하고 손을 얹는다. 맨 아래 있는 손을 빼서 위로 올리며 '햄버거 빵 덮으면' '햄버거 완성!', '냠냠냠냠, 냠냠냠냠' 소리 내어 먹는 시늉으로 놀이한다.

마. 기대효과

신체접촉을 통한 움직임 촉진&조절, 타인을 인식하고 협동 성취경험을 통한 자기효능감과 대인관계 능력 향상

바. 놀이 확장

참고문헌

김수민. (2019). 부모코칭역량이 애착형성과 유아의 정서조절능력에 미치는 영향. 석사학위논문, 남서울대학교 복지경영대학원, 충남.

배효심. (2007) 아동의 어머니와 교사에 대한 애착과 사회적 유능감의 관계. 석사학위논문, 부경대학교, 부산.

임정빈. (2010) 부모-자녀간 애착과 의사소통유형이 초등학생의 자아존중감에 미치는 영향. 석사학위논문, 한남대학교 교육대학원, 대전.

정경화. (2013) 어머니 대모애착 및 양육효능감과 영아와 유아의 발달 단계에 따른 애착 및 기질과의 관계. 박사학위논문 배재대학교 대학원, 대전.

김동민. (2020) 아동이 지각하는 부모애착이 아동의 관계적 공격성에 미치는 영향. 석사학위논문, 경북대학교 대학원, 대구.

유병선. (2008) 부모애착이 초등학생의 학교생활 적응에 미치는 영향. 석사학위논문, 인천대학교 교육대학원, 인천.

김진영. (2023) 유아기 아동 어머니의 성인애착, 가족상호작용, 자녀의 사회적 유능감과 양육효능감의 관계. 박사학위논문, 영남대학교 대학원, 경상북도.

홍연희. (2011) 부모의 애착이 아동의 사회적 유능감에 미치는 영향. 석사학위논문, 제주대학교 교육대학원, 제주도.

송주영. (2013) 모아심리운동놀이가 모아애착관계에 미치는 영향. 석사학위논문, 단국대학교 대학원, 경기도.

이상희. (2003) 母-兒 치료놀이 프로그램의 개발과 효과. 박사학위논문, 숙명여자대학교, 서울.

서광희. (2012) 모-아 미술치료가 다문화가정 모아의 애착에 미치는 영향. 석사학위논문, 명지대학교 사회교육대학원, 서울.

유승림. (2005) 태동인지교육이 초산모의 신생아 지각과 모아애착에 미치는 효

과. 국내석사학위논문 고려대학교 대학원, 서울

이영은 (1991). 산욕초기 초산모의 간호목표달성방법 합의가 어머니 역할수행에 대한 자신감 및 만족도에 미치는 영향. 이화여자대학교 대학원 박사학위논문, 서울.

조미애. (2010) 모아심리운동놀이가 발달지체영아의 사회적 상호작용에 미치는 영향. 국내석사학위논문 단국대학교 특수교육대학원, 경기도.

장영심. (2006) 유아의 애착유형별 동적 가족화 반응특성 연구. 국내석사학위논문 대구대학교, 경상북도.

양지윤. (2006) 애착 유형, 자존감, 자기침묵이 관계만족에 미치는 영향. 국내석사학위논문 이화여자대학교 대학원, 서울.

최미영. (2006) 위니캇(D. W. Winnicott)의 '모성적 돌봄' 에 기초한 유아정서발달 연구. 국내석사학위논문 호남신학대학교 기독교 상담대학원, 광주.

Zimmer, R. (2009). 창의적인 움직임 놀이(허윤선 역). 서울:시립서울장애인복지관: (2014).

David J. Wallin. (2010). 애착과 심리치료(김진숙.이지연.윤숙경 공역). 서울:학지사.

Theresa A. Kestly. (2023). 놀이의 대인관계 신경생물학(이순행.윤진영.박랑규 공역). 서울:학지사.

지은이; 조여진

4. 가족관계 개선을 위한 심리운동

(1) 가족 현장이란

가족은 개인의 삶에서 중요한 역할을 하는 사회적 단위로, 개인의 정서적, 사회적 발달에 큰 영향을 미친다. '가족현장'이란 용어는 가족이 살아가면서 직면하는 다양한 문제와 갈등, 그리고 이를 해결하기 위한 노력과 과정을 의미한다. 여기서는 가족현장의 개념을 정의하고, 이론적 배경과 실천 사례를 통해 그 중요성을 알아보기로 한다

자곡에 대한 여러 이론들이 있는데 그 중 대표적인 몇가지 아론에 대해 알아보기로 한다.

자족 시스템 이론은 가족을 하나의 전체로 간주하며, 가족 구성원 간의 상호작용을 통해 가족의 기능을 이해한다. 이 이론은 가족 구성원들이 서로에게 미치는 영향을 강조하며, 가족의 문제를 개별 구성원의 문제로 보기보다는 시스템 전체의 문제로 접근한다. (Minuchin, 1974).

가족 생애주기 이론은 가족이 시간에 따라 변화하는 과정을 설명한다. 각 단계마다 가족은 특정한 발달 과업을 수행해야 하며, 이 과업의 성공적인 수행은 다음 단계로의 원활한 전환을 가능하게 한다 (Carter & McGoldrick, 1989).

가족현장의 특성으로는 첫 번째 다양성으로 가족현장은 가족의 구조와 형태에 따라 다양하게 나타난다. 전통적인 핵가족뿐만 아니라, 한부모 가정, 재혼가정, 다문화 가정 등 다양한 형태의 가족이 각각의 고유한 현장을 가지고 있다.

두 번째로는 동적 과정으로 가족현장은 고정된 것이 아니라 시간에 따라 변화하며, 가족 구성원의 생애주기와 외부 환경의 변화에 따라 달라진다.

세 번째로는 상호작용성으로 가족현장은 가족 구성원 간의 상호작용을 통해 형성된다. 이는 가족 구성원 개개인의 문제를 가족 전체의 문제로 확대하여 이해할 수 있게 한다.

가족현장의 실천사례로는 대표적으로 몇 가지 예를 들을 수 있다. 첫 번째로는 경제적 문제와 해결로 김씨 가정은 최근 아버지의 실직으로 경제적 어려움을 겪고 있다. 가족 구성원들은 이를 해결하기 위해 서로의 지출을 줄이고, 어머니는 아르바이트를 시작하였다. 또한, 이들은 지역 사회의 지원 프로그램을 활용하여 생활비를 절감하고 있다. 이러한 과정에서 가족 구성원 간의 협력과 의사소통이 강화되었다 (박성주, 2018).

두 번째로는 정서적 문제와 해결로 이씨 가정에서는 청소년 자녀가 학교에서의 따돌림 문제로 심각한 정서적 어려움을 겪고 있다. 부모는 자녀와의 대화를 통해 문제를 파악하고, 학교 상담 프로그램과 심리 치료를 병행하여 자녀의 정서적 회복을 돕고 있다. 이를 통해 가족 구성원 간의 유대가 강화되고, 문제 해결 능력이 향상되었다 (김영희, 2019).

따라서 가족현장은 가족 구성원들이 일상적으로 경험하는 다양한 문제와 이를 해결하기 위한 상호작용의 과정을 의미한다. 이는 가족 시스템 이론과 생애주기 이론을 통해 이해할 수 있으며, 다양한 실천 사례를 통해 그 중요성을 확인할 수 있다. 가족현장을 이해하고 이를 효과적으로 대처하기 위한 노력은 가족의 건강과 행복을 증진시키는 데 필수적이다.

(2) 관계 및 관계 개선이란

인간은 사회적 동물로서 다양한 대인 관계를 형성하며 살아간다. 이러한 관계는 개인의 삶의 질과 심리적 안녕에 큰 영향을 미치며, 원활한 사회 생활을 위해 중요한 요소로 작용한다. 여기에서 우리는 관계의 정의와 중요성, 관계 개선의 필요성 및 방법을 알아보고, 이를 뒷받침하는 이론적 배경과 실천 사례를 통해 그 중요성을 강조하고자 한다.

관계의 정의와 중요성으로 관계는 두 명 이상의 개인 간의 상호작용과 그로 인한 연결을 의미한다. 이는 가족, 친구, 동료, 연인 등 다양한 형태로 나타날 수 있으며, 각 관계는 서로 다른 특성과 중요성을 지닌다 (최재훈, 2015). 관계는 개인의 정서적 지원과 사회적 자원을 제공하며, 심리적 안정과 자아존중감을 높이는 데 기여한다 (박정희, 2017).

관계의 필요성을 본다면 관계에서 갈등과 불화는 피할 수 없는 현실이다. 이러한 갈등은 적절히 관리되지 않으면 관계의 질을 저하시킬 뿐만 아니라, 개인의 정신 건강에도 부정적인 영향을 미친다 (김은정, 2018). 따라서 관계 개선은 개인의 삶의 질을 높이고 건강한 사회적 네트워크를 유지하기 위해 필수적이다.

관계 개선의 이론적 내용을 살펴보면 상호작용 이론은 관계가 상호작용을 통해 형성되고 발전된다는 관점이다. 이 이론은 상호작용의 질과 빈도가 관계의 질에 영향을 미친다고 본다 (Goffman, 1959). 예를 들어, 긍정적인 상호작용은 관계를 강화하고, 부정적인 상호작용은 관계를 약화시킨다.

의사소통 이론은 관계 개선에 있어 의사소통의 중요성을 강조한다. 명확하고 효과적인 의사소통은 오해를 줄이고, 신뢰를 구축하며, 문제 해결 능력을 향상시킨다 (Watzlawick, Beavin, & Jackson, 1967). 특히, 적극적인 경청과 피드백은 건강한 관계 형성에 중요한 요소이다.

관계 개선을 위한 가족관계 개선 실천 사례로는 김씨 가족은 부모와 청소년 자녀 간의 갈등으로 어려움을 겪고 있었다. 부모는 자녀와의 소통을 위해 매주 가족 회의를 열어 각자의 의견을 자유롭게 나눌 수 있는 시간을 가졌다. 또한, 가족 상담을 통해 서로의 감정을 이해하고 갈등을 해결하는 방법을 배웠다. 이러한 노력으로 가족 간의 신뢰와 유대가 강화되었다 (이영주, 2020).

(3) 가족관계 개선 현장의 움직임 치료 욕구

가족관계는 개인의 심리적 안정과 사회적 기능에 중요한 역할을 한다. 현대 사회에서는 다양한 이유로 가족 간의 갈등과 스트레스가 증가하고 있으며, 이를 해결하기 위한 다양한 접근법이 시도되고 있다. 그 중에서도 움직임 치료는 신체적 활동을 통해 감정 표현과 관계 개선을 도모하는 방법으로 주목받고 있다. 여기서 우리는 가족관계 개선 현장에서의 움직임 치료 욕구를 알아보고, 이를 뒷받침하는 이론적 배경과 실천 사례를 통해 그 중요성을 강조하고자 한다.

이론적 배경인 움직임 치료는 신체 움직임을 통해 개인의 감정과 경험을 표현하고, 이를 통해 심리적, 정서적 치유를 도모하는 치료 방법이다. 움직임 치료는 개인의 신체적 활동을 통해 내면의 감정을 표현하고, 신체적 경험을 통해 심리적 변화를 유도하는 것을 목표로 한다 (Levy, 2005). 이 접근법은 가족 간의 신체적 상호작용을 통해 관계를 개선하는 데 효과적이다.

가족관계 개선을 위한 움직임 치료의 필요성으로는 첫 번째 가족 스트레스와 갈등 해소면 에서는 현대 사회에서 가족 구성원 간의 갈등과 스트레스는 증가하고 있으며, 이는 가족 전체의 기능을 저하시킬 수 있다. 움직임 치료는 가족 구성원들이 신체 활동을 통해 스트레스를 해소하고, 감정을 표현하며, 갈등을 해결하는 데 도움을 줄 수 있다 (김영희, 2018). 예를 들어, 가족 구성원들이 함께 춤을 추거나 운동을 하면서 서로의 감정을 공유하고 이해할 수 있다.

두 번째 의사소통 개선 면에서는 움직임 치료는 비언어적 의사소통을 촉진하여 가족 간의 이해와 소통을 개선하는 데 기여할 수 있다. 신체 움직임을 통해 가족 구성원들은 언어로 표현하기 어려운 감정과 생각을 표현할 수 있으며, 이를 통해 상호 이해가 증진된다 (박선영, 2019). 특히, 어린 자녀나 언어 표현이 어려운 가족 구성원들에게 유용하다.

세 번재 정서적 유대 강화 면에서는 움직임 치료는 신체적 접촉과 상호작용을 통해 가족 간의 정서적 유대를 강화하는 데 도움을 준다. 가족 구성원들이 함께 신체 활동을 하면서 자연스럽게 형성되는 신체적 접촉은 정서적 친밀감을 증진시키고, 가족 구성원 간의 신뢰와 애정을 높이는 데 기여한다 (이정민, 2020).

주요 실천 사례로는 가족 무용 치료 프로그램으로 서울의 한 가족 상담센터에서는 가족 무용 치료 프로그램을 운영하고 있다. 이 프로그램은 가족 구성원들이 함께 춤을 추며 감정을 표현하고, 상호작용을 통해 관계를 개선하는 것을 목표로 한다. 프로그램에 참여한 한 가족은 “춤을 추면서 서로의 감정을 더 잘 이해하게 되었고, 갈등이 줄어들었다”고 밝혔다 (김영희, 2018).

운동 기반 가족 치료에서는 부산의 한 지역사회센터에서는 가족을 대상으로 한 운동 기반 치료 프로그램을 제공하고 있다. 이 프로그램은 가족 구성원들이 함께 체조, 요가, 놀이 등의 신체 활동을 통해 상호작용을 촉진하고, 스트레스를 해소하는 것을 목표로 한다. 참여자들은 “함께 운동하면서 자연스럽게 대화가 많아지고, 서로를 이해하는 시간이 늘어났다”고 말했다 (박선영, 2019).

따라서 가족관계 개선을 위해 움직임 치료는 효과적인 접근법 중 하나로 주목받고 있다. 가족체계이론과 움직임 치료 이론을 통해 그 중요성을 이해할 수 있으며, 다양한 실천 사례는 이론을 뒷받침하는 증거가 된다. 움직임 치료는 가족 구성원 간의 스트레스 해소, 의사소통 개선, 정서적 유대 강화를 통해 가족관계를 개선하는 데 중요한 역할을 한다. 따라서 가족관계 개선을 위한 움직임 치료의 지속적인 연구와 적용은 매우 중요하다.

(4) 가족관계 개선을 위한 심리운동적 중재 방법

가족관계는 개인의 심리적 안정과 사회적 기능에 중요한 영향을 미친다. 현대 사회에서는 가족 간의 갈등과 스트레스가 증가하고 있으며, 이를 해결하기 위한 다양한 접근법이 필요하다. 심리운동적 중재는 신체적 활동과 심리적 접근을 결합하여 가족 간의 관계를 개선하는 데 효과적인 방법으로 주목받고 있다. 본 논문에서는 가족관계 개선을 위한 심리운동적 중재 방법의 이론적 배경과 실천 사례를 통해 알아보도록 한다.

심리운동의 정의와 중요성에서 보면 심리운동(Psychomotor)은 심리적 과정과 신체적 움직임의 통합을 의미한다. 이는 신체 활동을 통해 심리적 문제를 해결하고, 개인의 감정 표현과 상호작용을 촉진하는 데 사용된다 (박성환, 2017). 심리운동적 중재는 이러한 원리를 바탕으로 가족 구성원 간의 관계를 개선하는 데 기여할 수 있다.

심리운동적 중재 방법으로는 첫 번째로 신체 활동을 통한 감정 표현

심리운동적 중재는 신체 활동을 통해 감정을 표현하고, 억압된 감정을 해소하는 것을 목표로 한다. 예를 들어, 가족 구성원들이 함께 하는 댄스 또는 체조 활동은 각자의 감정을 자유롭게 표현할 수 있는 기회를 제공한다 (김지현, 2018). 이러한 활동은 가족 구성원 간의 정서적 유대감을 강화하고, 갈등을 해소하는 데 도움을 준다.

두 번째로는 협력과 팀워크 증진으로 심리운동적 중재는 가족 구성원 간의 협력과 팀워크를 증진하는 데 효과적이다. 가족 구성원들이 함께 하는 협동 게임이나 운동은 서로의 역할을 이해하고, 상호 의존적인 관계를 형성하는 데 기여한다 (이정민, 2019). 이를 통해 가족 구성원 간의 신뢰와 소통이 개선된다.

세 번째로는 의사소통 기술 향상으로 심리운동적 중재는 비언어적 의사소통을 촉진하여 가족 간의 이해와 소통을 개선하는 데 도움을 준다. 신체 활동을 통해 가족 구성원들은 언어로 표현하기 어려운 감정과 생각을 표현할 수 있으며, 이를 통해 상호 이해가 증진된다 (박선영, 2020). 특히, 어린 자녀나 언어 표현이 어려운 가족 구성원들에게 유용하다.

실천사례로는 가족 운동 치료 프로그램으로 서울의 한 가족 상담센터에서는 가족 운동 치료 프로그램을 운영하고 있다. 이 프로그램은 가족 구성원들이 함께 운동을 하며 감정을 표현하고, 상호작용을 통해 관계를 개선하는 것을 목표로 한다. 프로그램에 참여한 한 가족은 “운동을 하면서 서로의 감정을 더 잘 이해하게 되었고, 갈등이 줄어들었다”고 밝혔다 (김영희, 2019).

협동 놀이를 통한 관계 개선에서는 부산의 한 지역사회센터에서는 가족을 대상으로 한 협동 놀이 프로그램을 제공하고 있다. 이 프로그램은 가족 구성원들이 함께 협동 게임을 통해 상호작용을 촉진하고, 스트레스를 해소하는 것을 목표로 한다. 참여자들은 “함께 놀이를 하면서 자연스럽게 대화가 많아지고, 서로를 이해하는 시간이 늘어났다”고 말했다 (이정민, 2020).

따라서 가족관계 개선을 위해 심리운동적 중재는 효과적인 접근법 중 하나로 주목받고 있다. 신체 활동과 심리적 접근을 결합한 심리운동적 중재는 가족 구성원 간의 감정 표현, 협력 증진, 의사소통 개선을 통해 가족관계를 개선하는 데 중요한 역할을 한다. 다양한 실천 사례는 이론을 뒷받침하는 증거가 되며, 가족관계 개선을 위한 심리운동적 중재의 지속적인 연구와 적용은 매우 중요하다.

(5). 가족관계 개선을 위한 심리운동 프로그램

프로그램 #1: 우리 집 만들기

가. 목표: 가정과 가족에 대한 긍정적상으로 변화하기

나. 준비물: 중, 대 조각 매트

다. 지원영역: 물질능력, 자기능력, 사회능력

라. 놀이방법

- 여러 가지 모양과 크기의 매트를 이용해 가족이 생각하는 집을 협동작업으로 만들어 본다. 첫회기부터 3~4회기 정도 매 회기 만들어 가며 가정에 대한 가족의 상을 변화 시켜 본다.

마. 기대효과

초기 가족의 이미지에 대해 부정적인 부분은 점차 가족간에 긍정적인 역동을 통해 긍정적인 가족의 이미지로 변화되어 가는 과정을 느낄 수 있다.

바. 놀이 확장

초기에 만들어진 집을 보며 변하고 싶은 부분을 이야기 해 보고 마음에 들지 않는 부분은 가족이 서로 상의하여 보기 좋은 집을 만들어 나가며 우리 가족만의 멋진 집을 재창조 해 낸다.

프로그램 #2: 즐거운 가족화 만들기

가. 목표: 서로 각자의 생각이 하나로 되어 가족의 응집력이 생긴다.

나. 준비물: 4절지 종이 가족 수 만큼, 색연필, 싸인펜 등

다. 지원영역: 물질능력, 사회적 능력

라. 놀이방법

- 가족 수 만큼 종이를 준비하고 그 종이에 각자 그리고 싶은 가족의 좋은 기억을 그리게 한다. 다 그리고 난 후 각자의 그림을 서로 상의하여 연결하여 배치해 보고 우리 가족의 좋은 이야기를 만들어 낸다.

마. 기대효과

서로 다른 가족구성원의 생각이 하나의 이야기로 만들어 지며 가족간에 응집력과 결속력을 견고히 할 수 있다.

바. 놀이 확장

큰 종이 한 장에 각자의 돌아가며 그리고 싶은 것을 그려 하나의 커다란 가족화를 만들어 내어 본다. 서로 각자 그린 그림을 하나의 가족 작품으로 탄생시켜 각자 가족들의 생각을 들어보며 공감한다.

프로그램 #3: 우리 엄마, 아빠를 지켜라

가. 목표: 서로 지켜주며 가족의 소중함과 보살피고 싶은 마음을 만들어 본다.

나. 준비물: 피구 공 하나

다. 지원영역: 물질능력, 사회적 능력

라. 놀이방법

– 가족을 두 편으로 나누어 엄마편과 아빠편으로 나누어 다른 자녀들은 피구 놀이를 하며 각자의 엄마와 아빠가 공에 맞지 않게 몸으로 받아 쳐 내어 엄마와 아빠를 구해 내는 놀이이다.

마. 기대효과

부모에 대한 소중함과 부모와의 관계가 개선이 된다.

바. 놀이 확장

처음에는 부모를 지키는 활동을 하다가 다시 역할을 바꾸어 각자 자녀를 지키는 활동으로 전환하여 자녀의 소중함도 함께 느낄 수 있다.

프로그램 #4: 협동 풍선 놀이

가. 목표: 가족간에 서로 힘을 합쳐 주어진 과제를 성취해 나가며 서로를 이해하게 된다.

나. 준비물: 풍선

다. 지원영역

물질능력, 사회적 능력

라. 놀이방법

– '서로 손을 맞잡고 둥글게 서서 풍선을 잡은 손을 이용하여 주어진 장소로 쳐서 이동을 시키는 놀이다.

마. 기대효과

가족이 같은 마음으로 행동하여 가족의 관계를 개선하고 서로를 이해하게 된다.

바. 놀이 확장

엄마와 자녀, 아빠와 자녀가 각자 한팀이 되어 두팀이 서로 하나의 목적지로 풍선을 옮겨 가는 과정에서 자녀와의 응집력이 높아지고 이해심리 깊어 진다.

프로그램 #5: 역할극 놀이

가. 목표: 로의 역할을 바꾸어 가며 가족 서로 간에 이해심이 깊어진다.

나. 준비물: 각종 소품

다. 지원영역: 물질능력, 사회적 능력

라. 놀이방법

– 각종 소품을 준비하여 아이는 부모가 되어 보고 부모는 아이가 되어 보아서 하나의 상황에 맞는 역할극을 해 본다.

마. 기대효과

역할이 바뀌어 짐에 따라 서로의 마음을 이해하고 공감하려는 태도가 생겨 가족 간의 관계가 개선이 된다.

바. 놀이 확장

좋지 않았던 상황에 대해 가족이 서로의 역할을 해 보고 서로 로테이션으로 전체를 바꾸어 가며 좋지 않은 상황을 좋은 긍정적인 상황으로 변화를 해 본다.

프로그램 #6: 가족 협동 줄넘기 놀이

가. 목표: 가족이 서로 협동하여 서로를 조율해 가며 서로를 이해하고 배려하는 마음이 생긴다.

나. 준비물: 단체 줄넘기

다. 지원영역: 물질능력, 사회적 능력

라. 놀이방법

- 단체 줄넘기를 이용하여 고전풍의 노래를 부르며 1회 실시하고 다음에는 자녀들이 좋아하는 최신곡의 노래를 합창하여 단체줄넘기 미션을 해결 한다.

마. 기대효과

서로 협동하는 마음과 배려의 마음이 생기고 세대간의 갈등이 해소 될 수 있다.

바. 놀이 확장

줄넘기를 전기줄로 변형하여 서로 피하고 피하는 것을 도와주며 서로 도움을 주는 관계를 경험하게 된다.

프로그램 #7: 가까이 더 가까이

가. 목표: 가족 간에 거리를 느끼며 멀어진 가족 거리를 좁혀 갈 수 있다.

나. 준비물: 없음

다. 지원영역: 물질능력, 사회적 능력

라. 놀이방법

- 관계가 좋지 않은 서로 가족 간에 서로 마주보며 "나 앞으로 가도 되니"라는 말을 하며 한걸음 한걸음 상대편에게 다가간다. 상대편이 허용하는 선까지 다가가고 다음에는 더 가가이 시도해 본다.

마. 기대효과

서로의 마음의 거리를 체험하고 서로 좁혀하며 따뜻한 가족애를 향상 시킬 수 있다.

바. 놀이 확장

둘이 하다가 부모들이 한 편이 되고 자녀가 한편이 되어 두 팀이 다가가며 부모와 자녀 간에 세대간에 갈등을 해소 해 나갈 수 있다.

프로그램 #8: 가족나무 지키기

가. 목표: 가족이 협동하여 외부인으로 부터 가족을 지키며 응집력이 향상된다.

나. 준비물: 없음

다. 지원영역: 자아능력, 사회적 능력

라. 놀이방법

- 아빠나 엄마가 나무 대와 가지가 되어 팔을 벌리고 있으면 자녀는 열매가 되어 서로 꽉 잡고 매달린다. 그러면 다른 팀에서 나무에 달린 열매를 떼어 낸다. 부모와 자녀는 떨어지지 않게 버티고 있다.

마. 기대효과

외부의 문제를 가족이 협동하여 문제를 해결해 나감으로써 가족문제해결 능력과 협동심이 향상 된다.

바. 놀이 확장

바닥에 누워 서로 손을 맞잡고 단근이라 생각하고 다른 외부인이 당근을 다리를 잡고 뽑아 버리려 하면 가족끼리 손을 잡고 가족구성원이 잡혀 가지 않게 서로 잡아 주며 버틴다.

프로그램 #9: 가족 탑 쌓기

가. 목표: 가족 간에 서로 협동하여 서로에 맞춰가며 가족의 이해를 도울 수 있다.

나. 준비물: 종이컵 여러 개

다. 지원영역: 물질능력, 사회적 능력

라. 놀이방법

- 가족전체가 협동하여 종이컵을 여러 개를 준비하여 높은 탑을 만들어 가고 부너지지 않게 서로 도와주며 전략을 이용하여 하나의 가족탐을 완성 한다.

마. 기대효과

가족의 협동심과 응집력이 향상되고 가족들 간의 의사소통 능력이 향상 된다.

바. 놀이 확장

컵을 이용하여 두 팀이 각자 탑을 쌓고 서로 다른 팀의 탑을 공으로 던져 무너뜨리고 각자 팀은 무너지지 않도록 팀원이 협동하여 방어를 해 나간다.

프로그램 #10: 인간 탑 만들기

가. 목표: 가족 간에 힘을 이해하고 서로 배려하는 마음이 생긴다.

나. 준비물: 여러 탑 그림

다. 지원영역: 물질능력, 사회적 능력

라. 놀이방법

– 여러장의 탑 그림을 준비하고 그 중 가족이 마음에 드는 탑을 선택하여 가족 구성원만으로 몸을 이용하여 탑을 쌓아 본다.

마. 기대효과

가족의 힘이나 무게, 신체사이즈 등을 알게 되고 서로를 이햐하는 마음이 생겨난다.

바. 놀이 확장

서로 마음에 드는 인물을 말하지 않고 만들어 내고 그 인물이 나타내는 모습을 맞추고 그 인물의 성격과 나의 성격을 비교하여 본다.

참고문헌

김수민. (2019). 부모코칭역량이 애착형성과 유아의 정서조절능력에 미치는 영향. 석사학위논문, 남서울대학교 복지경영대학원, 충남.

김영희. (2019). "청소년 자녀의 정서적 문제와 가족의 대응", 가족치료연구, 27(2), 67-89.

김영희. (2018). "가족 무용 치료 프로그램의 효과", 한국가족치료학회지, 26(1), 67-89.

배효심. (2007) 아동의 어머니와 교사에 대한 애착과 사회적 유능감의 관계. 석사학위논문, 부경대학교, 부산.

박성주. (2018). "경제적 어려움을 겪는 가족의 대응 전략 연구", 한국가족복지학회지, 45(3), 23-45.

박선영. (2019). "운동 기반 가족 치료 프로그램의 효과", 한국심리학회지, 38(2), 112-130.

이정민. (2020). "가족 간의 정서적 유대 강화를 위한 움직임 치료", 한국사회복지연구, 45(3), 45-63.

Carter, B., & McGoldrick, M. (1989). The Changing Family Life Cycle: A Framework for Family Therapy. Allyn & Bacon.

Levy, F. J. (2005). Dance Movement Therapy: A Healing Art. American Alliance for Health, Physical Education, Recreation & Dance.

Minuchin, S. (1974). Families and Family Therapy. Harvard University Press.

Ⅲ

함께 도움을 준 협력기관

1. 국제언어심리운동학회

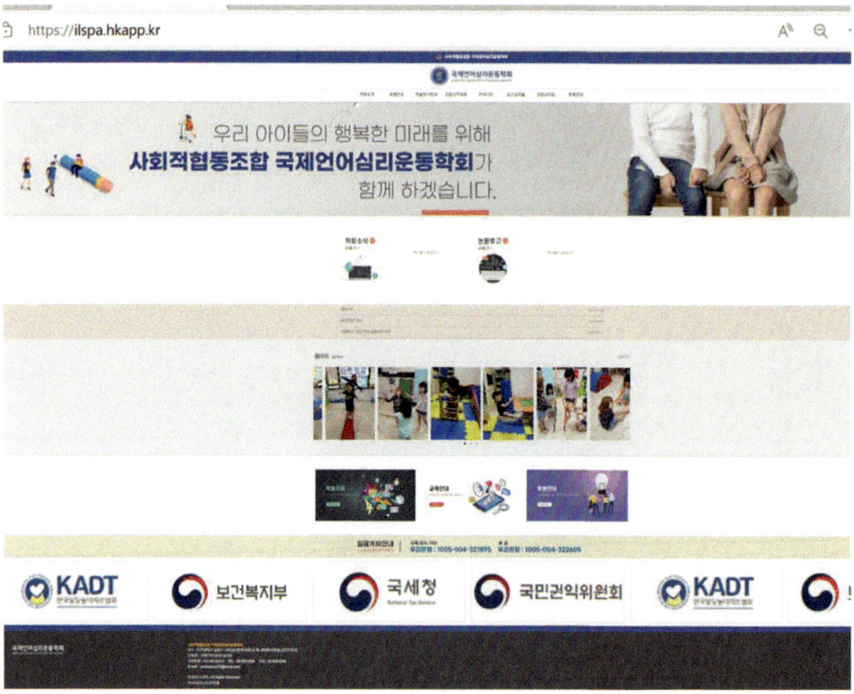

2. 한국발달놀이치료협회

3. 수도국제대학원대학교 상담학과 발달재활 심리운동전공

저자소개

박석원

상담학, 사회복지학 박사(심리운동/놀이치료 전문가)

현) 수도국제대학원대학교 상담복지학과 발달재활(심리운동, 놀이치료)전공 겸임교수
현) 극동대학교 사회복지학과 외래교수
현) USA)Victor International University 초빙교수
현) 국제언어심리운동학회 학회장, 한국발달놀이치료협회 협회장
현) 주)톰소여에듀피아 대표, 글로벌사이버전문 원격평생교육원 원장
현) 톰소여 미술&학습코칭센터 원장, 아쿠아플레이 수중코칭센터 원장
현) 마인드언어심리상담센터 심리원장

조여진

상담학 박사(심리운동/언어치료 전문가)

현) 대구사이버대학교 언어치료학과 임상강사(임상 슈퍼바이저)
현) USA)Victor International University 초빙교수
현) 글로벌상이버전문원격평생교육원 강사
현) 국제언어심리운동학회 이사, 한국발달놀이치료협회 감사
현) 주식회사 마인드에듀피아 대표, 마인드언어심리상담센터 대표원장

오로사

상담학 박사(심리운동 전문가)

현) 글로벌상이버전문원격평생교육원 강사
현) 사회벅협동조합 다원바람 대표
현) 국제언어심리운동학회 이사
현) 한국발달놀이치료협회 이사
현) 다원아동발달센터 대표원장

고해인

수도국제대학원대학교 심리운동전공 석사과정(심리운동/특수체육 전문가)

현) 톰소여언어심리발달센터 심리운동사, 특수체육 치료사

최인주

수도국제대학원대학교 심리운동전공 석사과정(심리운동 전문가)

현) 사회적협동조합 다원바람 이사장
현) 국제언어심리운동학회 이사
현) 다원아동발달센터 실장 / 심리운동사

허지혜

수도국제대학원대학교 심리운동전공 석사과정(심리운동/인지학습 전문가)

현) 톰소여언어심리발달센터 심리운동사, 인지학습 치료사

심리운동 놀이의 현장적용

발달지향적 움직임 놀이의 현장적용

초판 1쇄 인쇄 2024년 8월 21일 1판 1쇄
초판 1쇄 발행 2024년 8월 22일 1판 1쇄

저   자 박석원, 조여진, 오로사, 고해인, 최인주, 허지혜 공저
삽   화 박 효 린
발 행 자 김 재 호
발 행 처 휴먼북스
등 록 일 2018년 09월 13일
등록번호 제 2018-25호
주   소 경기도 파주시 산남로 5-84(산남동)
전   화 070-8614-6569
팩   스 070-8614-6569
홈페이지 http://www.tomcenter2.com

ISBN 9791190177696(93180)
정가 18,000원